damals ganz zuerst am anfang

Urs Frauchiger

damals ganz zuerst am anfang

Verlag Huber
Frauenfeld Stuttgart Wien

© 2010 Verlag Huber Frauenfeld
an Imprint of Orell Füssli Verlag AG, Zürich, Switzerland
Alle Rechte vorbehalten
www.verlaghuber.ch

Dieses Werk ist urheberrechtlich geschützt. Dadurch begründete Rechte, insbesondere der Übersetzung, des Nachdrucks, des Vortrags, der Entnahme von Abbildungen und Tabellen, der Funksendung, der Mikroverfilmung oder der Vervielfältigung auf andern Wegen und der Speicherung in Datenverarbeitungsanlagen, bleiben, auch bei nur auszugsweiser Verwertung, vorbehalten. Vervielfältigungen des Werkes oder von Teilen des Werkes sind auch im Einzelfall nur in den Grenzen der gesetzlichen Bestimmungen des Urheberrechtsgesetzes in der jeweils geltenden Fassung zulässig. Sie sind grundsätzlich vergütungspflichtig.

Lektorat: Ruth Huber
Umschlag: Barbara Ziltener, Frauenfeld
Druck: fgb • freiburger graphische betriebe, Freiburg

ISBN 978-3-7193-1555-9

Bibliografische Information der Deutschen Nationalbibliothek
Die Deutsche Nationalbibliothek verzeichnet diese Publikation in der Deutschen Nationalbibliografie; detaillierte bibliografische Daten sind im Internet über http://dnb.d-nb.de abrufbar.

Mix
Produktgruppe aus vorbildlich
bewirtschafteten Wäldern und anderen
kontrollierten Herkünften
www.fsc.org   Zert.-Nr. SGS-COC-003993
©1996 Forest Stewardship Council

Inhalt

Winterreise	8
Herkunft	14
Intermezzo	22
Das Schulhaus	24
Abend	31
Vaters Spielzeug	34
Das apokalyptische Ross	40
Frühes Glück	42
Die Orgel	44
Fotografie	50
Das Klavier	53
Wintersport	55
Turnen	57
Fussball	61
Zaungast	65
Schulexamen	73
Geistige Landesverteidigung	79
Was ist Demokratie?	82

Wehrbereitschaft	85
Feuer!	89
Katastrophe	93
Der fromme Grossvater	96
Die Bauern	103
Bücher	106
Kunst	109
Der Krieg	115
Gott und Teufel	119
Advent	122
Die Weihnachtslieder	131
Gefror'ne Tropfen	135
Weihnachtsfeier	138
Radio	146
Die Musik	151

Das bescheidene Wünschlein

Damals, ganz zuerst am Anfang,
wenn ich hätte sagen sollen,
was, im Fall ich wünschen dürfte,
ich mir würde wünschen wollen,
wär ich vor zu grossem Reichtum
in Verlegenheit geraten,
schwankend zwischen Bilderbüchern,
Farbenschachtel, Bleisoldaten.

Später wurde mein Gelüste
kühner, deutlicher und kürzer:
Einen stolzen Namen wollt ich,
sei's als Held und Weltumstürzer,
sei's als ruhmbekränzter Feldherr
in dem Paradies der Künste,
wo die Wunderbäume blühen
und der schönen Frauen Günste.

Heute, wenn die müde Hoffnung
wieder sich zum Wunsch bequemte,
wünscht ich nur ein kindisch Wünschlein,
dessen der Verstand sich schämte:
möchte wissen, wie die Glocke,
die mich in den Schlaf gewöhnte,
damals, ganz zuerst am Anfang,
möchte wissen, wie sie tönte.

Carl Spitteler

Winterreise

Vor etwas mehr als zwei Wochen bist du auf die Welt gekommen, Enkel. Schön, dass du da bist. Da werde man auch wieder jung, sagen die Leute. Wirklich? Ist es nicht eher so, dass man endlich wieder inne wird, selber einmal auf die Welt gekommen zu sein, schutzlos und ohne Gepäck? Die Dauer heutiger Lebensläufe spannt sich so weit, dass wir sie nicht mehr vom Anfang her zu überblicken vermögen – und es auch gar nicht versuchen. Das-auf-die Welt-Kommen verdrängen wir fast noch heftiger als die Tatsache, dass wir einmal ab der Welt kommen werden.

Du jedenfalls hast mich darauf gestossen. In meine Kindheit hinabgestossen. Nun will ich mich dir entgegenerinnern, auf deinen Wahrnehmungsstand zurückschrauben, mich hinsetzen und nichts bemühen als meinen alten Kopf. Möglichst wenig Fotografien, keine Tagebücher, keine Chroniken, kein Internet, nichts da von Oral History, das lenkt alles nur ab, zerrt Nebensächliches, Episodisches ans Licht. Ich möchte spüren, wie das war: Kind sein, noch nicht erwachsen gewesen sein. Ich habe gewartet, bis die meisten Zeitzeugen verstummt sind, Zeitzeugen sind unzuverlässig wie alle Zeugen – klar gilt das auch für mich, das braucht man doch nicht extra zu erwähnen. Vielleicht habe ich auch gewartet, bis du geboren worden bist. Nicht vorher konnte ich das aufschreiben – aber es dauerte: Über Jahre liess ich diese Aufzeichnungen nun liegen, nahm sie wieder auf, stiess noch etwas tiefer hinab in den Brunnen der Erinnerung, denn auch das ist vor allem eine Übungssache.

Vater am Klavier, singend und spielend. Der Klang ist mir nie abhanden gekommen, wohl aber das Bild dazu, das Bild, in dem ja auch ich enthalten sein müsste. Ich? Besser: das Kind, das meinen Namen trug. Commençons par le début: Wie fing Vater an? – Nicht sogleich mit der «Winterreise». Zuerst tastete er sich irgendwie hinein. Zur Weihnachtszeit begann er gern mit Peter Cornelius, der die Drei Kön'ge über einer Choralmelodie aus dem Morgenland daherziehen lässt, «ein Sternlein führt sie zum Jordanstrand». Da war das Motiv des Wandernmüssens schon angeschlagen, «die Kön'ge wahan-de-hern ... o wandre mit», nur dass die Kön'ge im heissen Sand liefen und auf etwas zugingen, der Winterreisende indes auf Schnee, weg und davon. Vater war ein Wanderer, wenn auch kein Wandervogel. Nur dass er da jetzt festsass in diesem morschen Emmentaler Schulhaus. So geriet er leicht in ein anderes Lied: «Ein Münich steht in seiner Zell, am Fenstergitter grau, viel Rittersleut in Waffen hell, die reiten durch die Au.» Das war schon Schubert, Schubert durch Gitterstäbe: «Sie steigen an dem Seegestad das hohe Schiff hinan, es läuft hinweg auf grünem Pfad, ist bald nur wie ein Schwan.» Vater hatte eine schöne tragende Stimme, nicht ganz ohne die Eitelkeit, die schöne Stimmen erst zum Tragen bringt, aber er kannte auch den entgleitenden Schubert-Ton, der in die Ferne weist, ohne mitzugehen. «Ich bin wie ihr ein Pilger doch, und bleib ich gleich zu Haus.»

Nun sass Vater ganz unbeweglich, ja, jetzt sehe ich es wieder vor mir. Er schloss den dicken Band «Frau Musica. Ein Singbuch fürs Haus», den Kollegen meinen Eltern zur Hochzeit geschenkt hatten, und schlug den weinroten Band «Winterreise» auf. Über den schwarzen Tannenwipfeln hinter den Apfelbäumen draussen stand ein Abendhimmel aus Gold. Vater sah sich blind an der Helle, so gelang ihm der Anfang: «Fremd bin ich eingezogen, fremd zieh ich wieder aus» – nie hat das jemand schöner gesungen als mein Vater, er sang es ganz einfach dahin, ohne Pathos und hier auch ohne die Wehleidigkeit, der er sonst selten entkam. Er sang von sich, fremd war er eingezogen, fremd hätte er im Grunde auch wieder ausziehen wollen, wenn er nur gewusst hätte wie. Sein Singen war Einübung in die Flucht. Oder schon Fluchtersatz.

Ich sehe mich unbeweglich in der dunkelsten Ecke des Zimmers. Zuweilen schaute Mutter herein, um mich zu irgendeiner Verrichtung abzukommandieren. Ich merkte es kaum, hätte auch niemals gehorcht, und Mutter schloss leise, aber etwas unwirsch die Tür.

Niemals hätte ich mich von Erwachsenen aus der kalten Gemütlichkeit dieser «schaurigen Lieder» locken lassen. Ich muss mir das merken, Enkel, wenn ich mich einmal mehr über deinen vermeintlichen Trotz ärgere. Es gibt einfach Dinge, durch die muss man durch als Kind, das kann man den Erwachsenen nicht erklären. Kaum hatte ich ein wenig Zutrauen in diese Welt gefasst, brachte es Vater schon wieder ins Wanken mit seiner Singerei. Das musste so sein, er war mein Vater, ich hatte und wollte keinen andern.

Schrecklich war die Welt, schrecklich schön, die Vater sang. Wie vertraut war mir das Bellen der Hunde an ihren Ketten in den Einzelhöfen, die ich ängstlich umging. Die verschneiten Felsenhöh'n standen mir vor Augen, ich hatte viele mit meinen kurzen Beinen bestiegen und war abgestürzt, hatte Löcher im Kopf davongetragen. Die Eisschründe am Frittenbach unten kannte ich, den Wind, der ins Gesicht fährt, die gefror'nen Tropfen, die von den

Wangen fallen. Die Krähe auch, das wunderliche Tier, das unbeweglich auf einem Pfosten sitzt und mitflattert, wenn man weitergeht. Nur warum kein Gott auf Erden sein wolle und wir selber Götter seien, verstand ich nicht. Da wollte doch ein Gott auf Erden sein, jeden Sonntag rief der Pfarrer ihn an, besang ihn die Gemeinde, beorgelte Vater ihn, lobte man ihn und dankte man ihm überschwänglich, Vaters Familie sogar den ganzen Sonntag lang. Und was war denn das mit den Göttern, von denen es in all den Gedichten und Liedern wimmelte? Mutter behauptete, die seien längst verschwunden, an die glaube schon lange niemand mehr, das sei früher gewesen, als die Leute noch abergläubisch gewesen seien und Götzendienst betrieben. Und Vater sang die ganze Zeit davon! War das Singen und Klavierspielen etwa Götzendienst? Möglich schien es mir, und es zog mich dadurch nicht weniger an. Ich fragte den Vater, aber der ereiferte sich, was ich denn da zuhöre, ich sei doch viel zu jung, um Derartiges verstehen zu können. Das komme davon, rief er mit erhobener Stimme in die Küche hinüber, wenn man die Kinder nicht Kinder sein lasse und Lesen lehre, bevor sie laufen könnten. So züchte man diese hochmütigen Toggel, die für nichts zu brauchen seien. Ob er eigentlich nirgends ungestört sei, jedes Tier habe seinen Platz für sich, nur er nicht.

Das stimmte sicher nicht, die Kühe standen in den Ställen Schwanz an Schwanz, und die Säue konnten sich in den Pferchen kaum drehen, da war der Vater besser dran. Nur so viel wusste ich: dass ich mit der «Winterreise» selber fertig werden musste. Mutter wollte oder konnte auch nicht reden darüber. Dabei hätte ich noch viel zu fragen gehabt. Was ein törichtes Verlangen sei, konnte ich mir zwar gut vorstellen, jedes Verlangen sogar schien mir allmählich töricht, sei es das Verlangen nach den Zwanzigerstückli beim Bäcker oder der Wunsch, an einen See zu fahren oder ein Geschwisterlein zu bekommen. Aber was hiess: «Welch ein törichtes Verlangen treibt mich in die Wüste 'nein? So redeten die Deutschen, sagten «'nein» für «hinein», aber das passte doch nicht in ein Gedicht und in ein Lied schon gar nicht, das spürte ich, auch wenn ich noch nicht in die richtige Schule durfte. Erst viel später wurde mit klar, dass es neben den Wüsten auch Wüsteneien gibt und dass die überall sind, nicht nur in Afrika.

Dass drei Sonnen nebeneinander am Himmel stehen, konnte ich mir gut vorstellen, ich träumte sie, aber ich hätte sie nicht zeichnen können. Erst später erblickte ich sie leibhaftig in den Bildern von Caspar David Friedrich. Auch Schuberts Totenacker fand ich in Friedrichs Friedhöfen wieder: «O unbarmherz'ge Schenke, was weisest du mich ab». Da war noch viel mehr dahinter, als man verstehen konnte, das ahnte ich. Dass die Stelle Vater traf, hörte ich an seiner Stimme, die sonst so profund war und hier brüchig wurde, als müsste er jedes Mal leer schlucken. Die Eisblumen, sie sah ich im Fenster, sie blühten an den Scheiben der vielen ungeheizten Kammern in unserem uralten Schulhaus, das einmal ein Bauernhaus gewesen war.

Einiges hat Vater wohl wegen Unspielbarkeit überspringen müssen, anderes wollte er vielleicht überspringen. Ich bin jedes Mal erstaunt über die Vielfalt der «Winterreise», wenn ich sie höre, fast ein wenig enttäuscht. Meine, das heisst Vaters «Winterreise», ist kahl, hoffnungslos eintönig. Eines schimmert ins andere hinter dem Tränenregen, von einem ausserirdischen Licht beschienen. So ist der «Leiermann» auch kein Drama, vielmehr ein Zustand, ein endlich erreichter Zustand: fahles Getön nur über körnigem Schnee.

Wenn Vater fertig war, wollte er sich nicht blicken lassen. Er schlich hinaus und fuhr mit dem Velo ins Tal zu einer barmherz'gen Schenke.

Herkunft

Enkel, was weisst du schon vom Leben? Du liegst ganz entspannt, und deine kleinen Lippen haben das kaum wahrnehmbare Beben und Ausbalancieren von gelandeten Schmetterlingen. Der Lippenbogen senkt sich leicht nach rechts, gleich weit oder nahe zum Lächeln, zum Weinen. Von Zeit zu Zeit öffnest du die Lippen zu einem zärtlichen Wehklagen, ohne zu drängen, von irgendwoher weisst du, dass man das tun muss, um bemerkt zu werden. Manchmal lächelst du auch. Das kannst du noch gar nicht, sagen die Leute, die es wissen müssen. Aber es läuft auf ein Lächeln hinaus. Es schwebt auf unzähligen Bewegungen hinter deiner hohen Stirn, auf Träumen, Ahnungen, vielleicht auf Einsichten.

An dich kommen wir nicht heran mit unserem Singsang. Nur selten öffnest du die Augen und blickst mit einer stillen Aufmerksamkeit in die Welt. Du könnest noch gar nichts sehen ausser Schatten in einem diffusen Licht. Bah, mach, wie du willst. Deine Augen schauen hinaus und nach innen. Du kannst beides gleichzeitig.

Ich, dein Grossvater, wurde auch einmal geboren, im Haus des Vaters meiner Mutter, unten im Tal in Mungnau, oberhalb der Neumühle, ja, das Haus hinter dem Tujahag mit dem auffälligen Gartentor und den zwei Steinsäulen. Auf einer sass ich dann und zählte die Autos. Es gab nicht viel zu zählen, denn es war Krieg, die paar Wagen hatten Holzvergaser und zogen dreckige Rauchschleppen nach. Sie rollten unwirklich daher; obwohl die Last der Vergaser

sie hinunterdrückte, schienen sie ein paar Zentimeter über dem Boden zu rollen, mit aufreizender Gemütlichkeit. So querten auch die breitbauchigen Flugzeuge den Himmel. Nur der rote Pfeil fuhr wirklich schnell. «Der rote Pfeil kommt!», meldeten wir einander, Kinder und Erwachsene rannten zu den Bahngeleisen im Emmenschachen. Da pfeilte er durch, man hatte genügend Zeit, zu sehen, wie er pfeilte. Vorn pflügte eine Art Bug die Luft, Stromlinie, erklärte der Vater. Dahinter aber glitt, lautlos fast, nicht ratternd und schlagend wie die gewöhnliche Eisenbahn, eine erleuchtete Pracht, wie die Konditorei Reber in Langnau, mit Polsterstühlen, nicht mit Holzbänken. Frauen mit Hüten und Männer in weissen Hemden und dunklen Kitteln glitten vorbei, schlürften Schokolade oder tranken Wein aus hohen Gläsern.

Mitten im Garten meines Grossvaters plätscherte die Grotte. Im Teich wedelten Goldfische, kleine rote Pfeile. Ich fiel mehrmals hinein, bis er umzäunt wurde. Da kletterte ich von hinten über die zackigen Tropfsteine und fand eine neue Falllinie. Zuerst aber schlug ich auf einen Zacken, man sieht die Narbe noch heute. Irgendwo trieb man einen Holzvergaser auf, der mich nach Langnau ins Spital fuhr. «Zum Nähen», sagten die Erwachsenen bedeutungsvoll, «du hast ein Riesenglück gehabt, ein Zentimeter, und dein Auge wäre ausgelaufen, einfach ausgelaufen.» Ich war sehr stolz, dass ich mit dem Holzvergaser zum Nähen hatte geführt werden müssen.

Es gab – vielleicht gibt es sie noch, aber sie ist verschollen – eine Fotografie mit gezackten Rändern. Grossvater vor der Grotte mit einem buschigen Schnauz und einer hohen Unteroffiziersmütze auf dem Kopf, faltig wie eine Handorgel. Er steht breitbeinig, den rechten Fuss abgewinkelt, als müsste er seinen respektablen Bauch ausbalancieren. Am linken Arm hat er eine Binde mit Schweizerkreuz, in die Fensterläden am Haus hinten dran sind auch Schweizerkreuze gesägt. Hinter der militärischen Staffage finde ich in Grossvaters Gesicht deinen verletzlichen, zum Weinen und Lächeln gleichermassen bereiten Zug um die Lippen wieder. Grossvater ist gesäumt von zwei ebenso stattlichen Offizieren mit richtigen steifen Hüten. Wehrhaft ausgerichtet prangen die drei Bäuche, mühsam nur gehalten von den breiten Ceinturons mit den Schnallen aus Trompetengold, die sich auf ihrer linken Seite mit den schmaleren Riemen der Ordonanztaschen kreuzen. Einer der flankierenden Männer heisst Schwab, das ist mir geblieben. Die Offiziere stecken in Reithosen mit eleganten Stiefeln. Grossvater hat Röhrlihosen an und schwere Marschschuhe, aber die sieht man fast nicht, denn da stehe ich davor, keck, ich gefalle mir. Die Militärs sehen streng in die Kamera, ich aber blicke nach links, als sähe ich etwas, was sie nicht sehen können. Auch ich habe einen steifen Hut, eine ausrangierte Kondukteursmütze, ein Zimmerherr der Grosseltern schenkte sie mir, der bei der Emmental–Burgdorf–Thun-Bahn arbeitete. Meine riesige Ordonanztasche – wo hatte ich die her? – hängt wie zum Trotz nach rechts. Und ein Holzgewehr am Rücken. Mein Kittel ist geradezu schick, auch der Schillerkragen. Das war mein Sonntagskleid, kurze Hosen und weisse Strümpfe gehörten dazu.

Mein Grossvater war nur nebenbei Unteroffizier, im Hauptamt, das in den Kriegsjahren freilich meist von Praktikanten und stellenlosen Stellvertretern versehen wurde, war er Oberlehrer. Das heisst, er betreute die Oberstufe der Primarschule, die siebente bis neunte Klasse. Neben ihm, nein, weit unter ihm gab es einen Lehrer für die Mittelstufe, viertes bis sechstes Schuljahr. Der musste die

Viertklässler auf die Prüfung in die Sekundarschule vorbereiten, sein Prestige bemass sich nach der Zahl der Aufgenommenen, zumal der Buben, denn die Mädchen, die die Prüfung zumeist leichter schafften, zählten nicht wirklich. Auch in den Familien meiner beiden Grossväter waren die Mädchen zwar gern gesehen, für herzig und nützlich befunden, aber für voll genommen wurden nur die Buben. Ich hatte eine Menge älterer Kusinen, allein ich war der erste männliche Enkel, ein Status, dessen Bedeutung ich erst mit der Zeit erkannte und weidlich ausnützte.

Nach seiner Pensionierung übte Grossvater das Amt eines «Sektionschefs» aus. Über dem Eingang hing nun ein Emailschild, auf dem in gotischen Buchstaben «Sektionschef» stand. Er rief die Jünglinge zur Rekrutenaushebung auf, stellte die Einrückungsbefehle für die Wiederholungskurse aus, lehnte die Dispensationsgesuche der Bauern ab, die sich «drücken wollten», weil ihr Knecht das Bein gebrochen habe oder die Frau schwanger sei. Dies alles versorgte er in feldgrauen Couverts mit dem Aufdruck «Schweizer Armee. Der Sektionschef». Um 16 Uhr bestieg er sein schwarzes Armeevelo mit Rücktritt und fuhr nach Zollbrück auf die Post. «Auf die Post», sagte er. Dann ging er schräg gegenüber in den «Löwen» und trank ein paar Zweier Weissen. Ich glaube, er jasste nicht, und sagte nur etwas, wenn man ihn fragte. Er sass einfach in der niedrigen braunen Gaststube unter den Plakaten für die emmentalischen Schützen-, Sänger- oder Schwingerfeste mit den Jungfrauen in weissgestärkten Trachten vor den besonnten Hochalpen und stämmigen Männern in Uniform oder in strapazierfähigen braunen Anzügen, sass neben der Vitrine mit den entsprechenden Trophäen aus Zinn und blickte mit wässrigen Augen durch die kleinen verrauchten Fensterscheiben hinaus, wo wenig zu sehen war und das wenige verschwommen. Auf dem Heimweg schaute er bei uns vorbei, rauchte Stumpen und sagte nichts, ausser man fragte ihn etwas. Manchmal fragte die Mutter, wo er nach der Post gewesen sei, und er pflegte einsilbig zu antworten: «Oh, etwa in einem wilden Tier», er meinte im «Löwen» oder im «Bären». Und da er nun schon am Reden war, pflegte er regelmässig anzufügen: «Die Uhr hinkt.» Dann stand er umständlich auf, legte den Stumpen in den emaillierten Aschenbecher und rückte das braune, vieltürmige Gehäuse unserer Wanduhr zurecht, bis ihm das Ticken regelmässig schien.

Am Sonntag sass er auf der hölzernen Laube und schaute mit dem Feldstecher in den Scheibenstand des Schützenhauses, wo die Männer ihre obligatorische und die freiwillige – die freiwillige war auch obligatorisch – Schiesspflicht erfüllten. Wenn sein längst ergrauter Sohn heimkehrte und das Gewehr im Gang abstellte, fragte er: «Welche Scheibe hast du gehabt?» «Die vierte», sagte der Sohn, der auch mein Pate war und in der Stadt als «Techniker» arbeitete. «Dann hast du den Kranz», sagte mein Grossvater. Mein Onkel und Pate hatte immer den Kranz. Dann setzten sich die Männer um den Tisch, machten den weissen Wadtländer auf und gossen ihn von hoch oben ein. «Schau, er macht den Stern», sagten sie, wenn der Schaum sich sternförmig legte, «er ist gut.» Derweil bereitete das Wybervolk das Mittagessen zu, meistens Kartoffelstock und Voressen mit Blumenkohl an einer weissen Sauce. Zum Mittagessen gab es roten Twanner und zum Kaffee einen Schluck Bätzi oder sogar Härdöpfler, der aus einer Flasche ohne Etikette verschwörerisch aus der Kommode geholt wurde, als könnte jederzeit der Dorfpolizist eintreten. Es war verboten, Kartoffeln zu brennen.

Sobald der Schnaps getrunken war, steckten mich die Erwachsenen ins Bett. Inzwischen hat die Wissenschaft nachgewiesen, dass mindestens die Hälfte der Kinder gezwungen wird, zu viel zu schlafen, weil ihre Schlafbedürfnisse genauso unterschiedlich sind wie die der Erwachsenen. Das rechnete ich, lange bevor ich rechnen konnte und bevor die Wissenschaft zu forschen begonnen hatte, den Erwachsenen vor, zeigte auf, dass ich in der vergangenen Woche bereits einen hübschen Schlafüberhang erarbeitet hatte – nichts da, nach dem sonntäglichen Mittagessen gehört ein Kind ins Bett. «Gehört» war imperativ, «das gehört sich, basta», abschliessend, ohne Erklärungsbedarf. Zuweilen haute ich ab, entschloss mich zum Todessprung aus dem Hochparterre, bloss hinauf kam ich nicht mehr, und das gab Schwierigkeiten. So fügte ich mich und liess mich, von einer spröden Zärtlichkeit umsorgt, in das hohe Bauernbett legen (auch die Haut an den Händen von Mutter und Grossmutter war spröde, aufgeraut von der vielen Arbeit des Wybervolks). Zwei Sachen besänftigten meine Wut über den Unverstand der Grossen: die gerippten braunen Tannenbretter, die mich schützend umfingen, und das Bild über mir, Schafe am Weiher unter lila Schäfchenwolken, mit Erlen, Trauerweiden und einem Hirten. Es war kein «guter Hirte», hier ging es um Stimmung, nicht um Symbolik. Kunst war da, um darunter einzuschlafen. Der Grossvater mütterlicherseits war nicht fromm, im Grunde war er ein Agnostiker, aber nicht einmal das wusste er. Würde er genauer hingeschaut haben, was ihm bei einem Bild nicht im Traum einfiel, hätte ihm der Hirte verdächtig vorkommen müssen; sein gebogener Stab und ein langer lombardischer Mantel verliehen ihm etwas Hergelaufenes, und sein struppiger Hund wäre dem Argwohn der hiesigen Sennenhunde nicht entgangen.

Sobald der ohnmächtige Zorn über meine Ausgrenzung abgeklungen war, vernahm ich die Stille. Die Stille kroch von den Tannenwäldern am Talhang herüber, zuerst musste sie noch das spitze Gackern der Hühner vom Weiler oben durchqueren, das Geschnatter der Gänse beim Feuerweiher und das unwirsche Aufknurren der Hunde aus dem Mittagsschlaf. Jetzt war die Stille im Zimmer angelangt. Sie flimmerte ein bisschen und wogte leicht wie die Schafherde über mir, auch die Stille war lila, heller als das Lila im Bild, von einem fernen, auf- oder untergehenden Licht durchzogen. Durch die Türspalte und das leere Schlüsselloch drang der Stumpenrauch der Väter, die sich zu einem Jass hingesetzt hatten, und der rhapsodische Sang des abwaschenden Wybervolks. Kein Lachen, hie und da das Rattern eines Holzvergasers. Ein Pfiff. Noch einer, ein anderer von der Eisenbahn im Schachen drüben. Dann nur noch Stille, weggetragen werden von der Stille in noch mehr Stille, in eindunkelnde Stille, bis eine raue Hand mich mit verhaltener Zärtlichkeit weckte.

Intermezzo

Das schrieb ich in Berlin, in dem sogenannten Kutscherhäuschen, einem Schreibort der «Gruppe Olten». Die setzte sich zusammen aus den Schweizer SchriftstellerInnen, die sich für Linke hielten. Hier hätten sie, die sie zum grössten Teil zu Hause in einem Brotberuf Selbstausbeutung betrieben, wie sie es nannten, einmal in Ruhe arbeiten wollen. Aber dann fiel der Ofen aus, und man musste das in Selbstausbeutung in Ordnung bringen. Draussen im Hinterhof spielten zwei Eichhörnchen, die wollten auch betrachtet sein. Und schon war wieder Abend, und man folgte dem heiseren Ruf der Grossstadt. Verstehst du nun, Enkel, warum ich mit meinem Projekt nicht vom Fleck kam?

Michael Jackson war damals in Berlin, um den «Bambi» abzuholen und nebenbei seine defekte Nase reparieren zu lassen. Ich sah ihn vor dem Hotel «Adlon» beim Brandenburger Tor an einem feuchten Novembertag. Unten Gören in Sprechchören, nicht eigentlich hysterisch und auch nicht überaus zahlreich. Die Stimmung war eher flau, fast ein wenig wie einst bei den verordneten Aufläufen in der DDR. Unvermutet ging oben im zweiten Stock ein Fenster auf. Raunende Menge, die Schäfte der Kameras stiegen, eine dürre Hand winkte, und dann erschien, in den Vorhang gehüllt, für Sekunden ein rotes Gespenst mit schwarzgefleckter Nase, auf den ausgemergelten Armen sein kleines, in ein Seidenfähnchen gehülltes Kind, er hatte ein kleines Kind, Enkel. Es schien, als wolle er den kleinen Prinzen vorzeigen, doch der drohte ihm zu entgleiten und unter die Linden zu fallen, die kleine Menge hielt den Atem an, seufzte kollektiv auf. So fahrig entrückt Michael auch wirkte, seine Reflexe schienen intakt zu sein. Da war sie noch einmal, seine unerträgliche tänzerische Leichtigkeit: ein kleiner Ausfallschritt und schlafwandlerisch hielt er das Kind wieder im Griff. Nur das Tüchlein wehte hinab, und da gabs dann schon ein Gerangel mit richtigen Verletzten und Polizeisirenen, während oben Michael mit Kind, man muss es schon so sagen, sich in Nichts aufgelöst hatte.

Ich bin nicht wegen Michael Jackson ins Adlon gegangen, sondern um einen Weltklasse-Cellisten zu treffen, der dort wohnte. Es war mir ein Trost, dass Weltklasse-Cellisten im gleichen Hotel wohnen dürfen wie Michael Jackson.

Mag sein, dass ich dir, wie soeben, auch einige Geschichten erzähle, Enkel. «Meine» Geschichte erzähle ich dir nicht. Und verdeckte Memoiren schreibe ich auf deine Kosten schon gar nicht. Dein Erscheinen hat meinen Blick geschärft, das Spähen hinaus und zurück (was keinen Unterschied macht, ich sagte es schon). «Erinnerung» ist nicht das Aufwärmen von Storys, von Vorgefallenem, nicht ein In-die-Gegenwart-Zwingen von Vergangenheit, wohl eher ein behutsames Heimkehren in Bilder, Klänge, Gerüche, Befindlichkeiten. Dann mag ein längst erloschener Stern aufleuchten und in der gegenwärtigen Nacht ein Zeichen setzen.

Das Schulhaus

Komm, jetzt gehen wir an den Waldrand, dorthin, wo ich eigentlich hingehörte. In Grossvaters Haus bin ich bloss geboren. Im Emmental gibt es sogenannte Terrassen. Fünfzig, manchmal mehr Meter über dem Talgrund weiten sich hinter dem meist steilen Hang beachtliche Ebenen mit grossflächigen Matten und Feldern. Du atmest freier da oben, der Blick hat Auslauf, das Tal hinunter bis hin zu geheimnisvollen langen Hügelzügen einer ganz anderen, offeneren Welt. Wenn der Talboden noch im Dunkel liegt, geht hier oben schon die Sonne auf, von den Einzelhöfen kommen die Schulkinder mit ihren unförmigen, von vielen Geschwistern zerschlissenen Tornistern, in braunen, strapazierfähigen kurzen Hosen und Kniestrümpfen. Andere sind barfuss. Das hat mich immer mit Neid erfüllt, dass einige Kinder, die Verwegenen und Verdächtigen, in deren Zeugnis die schlechten Betragensnoten fester Bestandteil waren, früher im Frühjahr und später im Herbst barfuss laufen durften.

Horch, unten im Schulhaus schallt ein Choral, er schallt, damals sang man laut und mit zumindest gut gespielter Überzeugung, man musste laut singen und wollte es auch. Bei jedem Schulexamen lobte oder tadelte der Schulkommissionspräsident ausdrücklich den Stärkegrad der exekutierten Lieder, zumal der frommen und der vaterländischen. Eben singen sie in der Unterschule bei meiner Mutter «Die güldne Sonne, voll Freud und Wonne», und dazu strahlt und wärmt die Besungene von hinten

oben den Hang hinunter und brennt herzerquickend und fröhlich auf die rissige Wand des alten Schulhauses. Es ist ein ehemaliges Bauernhaus, uralt, ich weiss nicht, wie viele Jahrhunderte es schon steht. «Es war immer da», sagen die Bauern, wenn man sie fragt, «immer» heisst, dass es bei ihrer Geburt schon vorhanden war. Es ist ein grosses Haus, aber stattlich hätte Gotthelf, zu dessen Lebzeiten es bestimmt schon existierte, es nicht genannt. Das Walmdach ist zwar vorhanden, ein Patchwork aus roten und braunen Ziegeln aller Farben und Formen, man besserte es einfach jedes Mal aus, wenn es irgendwo hineinregnete. Auf der Höhe des ersten Stockes war es offensichtlich gestutzt worden, damit die Oberschüler Naturlicht haben, früher reichte es bis auf Mannshöhe hinunter. Ein Heuboden ist noch vorhanden, leer, zentimeterdick mit grauem Staub bedeckt, alles Wischen nützt nichts, gleich ist der Staub

wieder da, der Kuhstall, der Saustall, alles leer, aber sauber gefegt, der Schulkommissionspräsident kontrolliert es periodisch, indem er bei seinen überfallartigen Inspektionen, «ich bin zufällig grad vorbeigekommen», ebenso zufällig zu den Stallungen spaziert. Die Tenne steht voller fantastischer kaputter Werkzeuge, deren Handhabung kein Mensch mehr versteht, nur die Einfahrt haben sie abgebrochen, als das Haus auf die billigstmögliche Weise umfunktioniert wurde. Auf der Sonnseite ein ansehnlicher Garten, von einem Mäuerchen umfriedet, vor dem später, um ihn vor dem Übermut der Schüler zu schützen, ein hässliches Drahtgitter montiert wurde. Bohnenstangen ragen darüber hinaus (wenn die Bohnen abgeerntet waren, stellte sie Vater mir als Wigwam zusammen), Sonnenblumen, Stauden voller Beeren, auch ein Bäumchen mit Stachelbeeren, die ich selbst auf den äussersten Zehenspitzen immer noch nicht erreiche, ein violetter Flieder, kränkelnd in dem rauen Klima. Die Hofstatt hinter dem Haus hat sich erhalten, die Apfelbäume und der einzige Birnbaum sind im Laufe der Zeit knorrig in sich selbst zurückgewachsen und tragen kaum mehr Früchte. Dort, wo der Miststock prangte, ist jetzt mein Sandkasten, der mir ganz allein gehört. Und den Brunnen haben sie nicht angetastet. Sein Plätschern, das unablässige, sparsame Rinnen mit plötzlichen Schwällen, tönt heute noch in meinen Schlaf. Das steinerne Becken bietet kein Hindernis, kaum konnte ich laufen, überwand ich es und fiel hinein; auf dem scharfkantigen Brunnenstock steht ein Blumentopf, den regelmässig ein verirrter Ball trifft, weit über die statistische Wahrscheinlichkeit hinaus. Der vordere Teil des Hauses mit den niedrigen Schulzimmern ist in anständigem Zustand, die Lehrerwohnungen können zur Not als bewohnbar bezeichnet werden, ihre Attraktion besteht in einem grünen Kachelofen in der Wohnstube; wer sich im Winter auf die heisse Schamottenplatte legt, versinkt in eine wohlige Betäubung, aus der man sich kaum mehr zu lösen vermag.

Einsam steht das Haus, kein Stöckli ist da, wie es sonst neben dem Bauernhaus für müde Eltern bereitsteht, wenn sie den Hof dem Jüngsten übergeben haben. Keiner der berühmten Emmentaler Speicher mit den flamboyanten Bauernmalereien, wie sie gerade in den Weilern auf diesen Terrassen zu finden sind, überlaufen von Gelehrten, Sonntagsmalern, Schul- und Betriebsausflüglern und Volkstümlern aller Arten. Im Gegensatz zu fast allen andern Bauernhäusern, selbst denen in den hintersten Krachen und auf den unwegsamsten Eggen, entbehrt das Haus jeden Zierrats. Die Ründi, Renommiergebärde der Emmentaler Häuser, wird zwar angedeutet, doch keine Kerbe, keine Tulpe unterbricht ihre Strenge. Dafür kommt das im Laufe von Jahrhunderten ausgetrocknete, schwarzbraune Holz mit unzähligen Spalten, Wurmlöchern und Gängen von Wespen und anderem Getier umso schöner zur Geltung. Die Butzenscheiben unter dem Dach sind zum grössten Teil zerschlagen, schwarze Zahnlücken, von Unwettern und von Steinwürfen nie ertappter Täter getroffen.

Drüben, gut zwei Kilometer entfernt, leuchten die putzigen Fensterscheiben dreier breitdachiger Emmentaler Häuser auf, saftige Blumenpracht erstrahlt zwischen dem Buchs der Barockgärten. Quer über die Terrasse legt sich ein Weg in die leichte Senkung, ein Fuhrwerk, ein Hund bewegen sich darauf, zwei verspätete Schüler hasten daher, sie mussten im Stall noch helfen. Unten beim Apfelbaum biegen sie ab zum Schulhaus, das sich hier oben in den Waldwinkel lehnt, beschattet von Mischwald, Tannen, Buchen über dichtem Unterholz. Haselstauden, Heckendorn und Hagebutten säumen den Waldrand. Gleich hinter dem Schulhaus fällt ein schattiger feuchter Hang steil in den Frittenbach.

Pass auf, der wimmelnde Haufen, der viel höher ist als du, das sind die Waldameisen, die Waldklammern. Wenn du die in den Hosenbeinen hast, wirds ungemütlich. Einmal habe ich zu lange das Tal hinuntergeträumt, und plötzlich waren sie am ganzen Körper. Zuerst tat es auf eine unbekannte Weise wohl, von aussen und innen schoss eine Wärme in den ganzen Körper, eine farbige Schwindligkeit, bunter als die Gärten. Und dann ein tausendfältiger Schmerz. Ich wieselte mit meinen kurzen Beinen zum Schulhaus, gab keinen Laut. Durfte ich die Mutter beim

Unterrichten stören? Kaum, das durfte ich nur, wenn ich blutete, auch nicht wegen jeder Schürfung, aber wenn ich beim Klettern im Steinbruch am Hang des Frittenbachs ausgeglitten war und ein richtiges Loch im Kopf hatte. Wegen Waldklammern nicht, die Kinder hätten mich ausgelacht, und die Mutter hätte mich mit der kalten Verständnislosigkeit angeschaut, die mehr schmerzte als alles andere. Tief unten, unterhalb aller Erinnerung spüre ich eine glühende Zärtlichkeit meiner Mutter, ich höre den sehnsüchtigen Schmelz ihrer Stimme, das unnennbare Glück ihrer Schlaf- und Trostlieder. Doch wenn sie Lehrerin war, selbst wenn sie «Gattin» war und öffentliche Mutter, gestattete sie sich keine Regung, dann erstarrte sie in Pflicht, ihre Stimme wurde hart, mit klaren, unerbittlichen Vokalen, und ihre Hände rau. Auch litt sie nicht, dass ich vor andern Leuten litt. Damit wurde man selber fertig. Also warf ich mich samt den Kleidern und den Waldklammern in den Brunnen und ersäufte die Viecher. Dafür musste ich mich nachher im Haus verstecken, bis die Werktagshosen trocken waren; die Sonntagshosen waren weggeschlossen, ich hätte sie auch sonst nicht angezogen, denn mir war klar, dass der Liebe Gott, mein allwissender und alles ahndender Urahne, dies aufs Äusserste missbilligt hätte.

Jetzt ist es ganz still. Das Kratzen der Griffel auf den Schreibtafeln in Mutters Unterstufe hört man nicht bis hier herauf, zuweilen vielleicht Mutters klare Stimme, die das Kratzen tadelt. Obendran macht Vater «Technisch Zeichnen», auf weissem steifen Häuschenpapier, das in der Stadt in der Schulmittelzentrale in genau abgezählten Bogen bezogen werden muss. So lernen sie Disziplin und Genauigkeit, sagt der Vater. Ausgeteilt werden die extra spitzen, abgezählten Hulligerstahlfedern, die man, selten

29

ohne Blutverlust, in die Fassung des Federhalters klemmt. Die zylindrische Höhlung sammelt die Tinte – und verliert sie auch. Das gibt die gefürchteten Tolggen. Ein Tolgg bedeutet Ausgrenzung. Radieren gilt nicht. Man kann nicht korrigieren, merkt euch das, Buben. (Die Mädchen haben frei und dafür am Dienstagnachmittag Handarbeiten, bei einer Handarbeitslehrerin, die auf die Stör kommt.) «Du solltest dich schämen!», heisst es. Das bedeutet, dass einer nicht mehr ganz zu uns gehört. Mit solchen, die Tolggen machen, haben wir nichts zu schaffen. (Mit solchen, die Brillen tragen, auch nicht. «Brillenheiland!», riefen mir bald einmal die Schulkinder nach.) Wenn die Buben mit ihren bereits verwerkten und hornhäutigen Fingern das Lineal falsch handhaben und der Tintenstrich den vorgedruckten Häuschen nicht genau folgt, gibt es mit ebendemselben Lineal auf die Finger. Das ist erniedrigender als eine Ohrfeige. Die Neuntklässler fassen die kleinen magischen Tuschfläschchen. Die sind nicht nur genau abgezählt, sondern auch auf ihren Inhalt geprüft und markiert. Sie machen die Zeichnungen, die beim Schulexamen aufgehängt werden. «Die Zeichnungen sind recht genau geraten», wird der Schulkommissionspräsident sagen. Im besten Fall. Dann kann Vater darauf hoffen, wiedergewählt zu werden.

Abend

Du hast recht, Enkel, ich schweife ab, ich rede über deinen Kopf hinweg. Aber ich will mich bei dir nicht anbiedern, merk dir das, Bürschchen. Du weisst ja noch gar nicht, wo dir der Kopf steht, also kannst du auch nicht wissen, ob ich darüber hinwegrede.

Inzwischen ist der Tag weitergeschritten, im Tal unten dunkelt es schon, und aus den Wiesen steigt der weisse Nebel wunderbar. Zum Abschluss wird der Vater das Lied singen lassen, ohne die Mädchen, mit den Buben muss man üben, damit sie leise singen und doch textverständlich, sie, die sonst immer lauter singen sollen. «Der Mond ist aufgegangen» gehört zum Standard, für Schulreisen auf dem Schiff und Besuche des Schulinspektors. Die Leute wollen das, sogar der Präsident erwartet es, der sonst Hemdsärmligeres vorzieht.

Haben wir den ganzen Tag nichts gegessen? Wir haben doch Kartoffeln gebraten am Mottfeuer. Ein Mottfeuer machen ist schwer. Man muss trockene Äste finden, notfalls und verbotenerweise auch abbrechen, aber so, dass niemand die Bruchstelle sieht, darunter zerknülltes Zeitungspapier, den «Anzeiger für das Amt Trachselwald», anzünden mit einem klobigen Streichholz aus der eckigen Schachtel, die jeder rechte Bueb neben dem Sackmesser und einer Schnur im Hosensack hat, das schon etwas feuchte Laub und Grasnarben darüber schichten. In der Mitte bleibt ein glühender Kern frei, darauf legt man ein

Gitter aus Zweigen von hartem Buchenholz, auf den Rost die Kartoffeln. Zuerst muss es den Kamin heraufziehen, lodern geradezu, dann aber wird das Feuer hinabgezwungen, bis es nur noch vor sich hin schwelt. Ohne den Hüterbuben wäre uns das Mottfeuer nicht gelungen, und Kartoffeln hätten wir auch keine gefunden. Sogar Pilze trieb er auf. «Esst nur», sagt er, «Garantie.» «Garantie» ist ein Zauberwort. Darauf kann man sich verlassen, besser als auf das Schwören, das sich abgenutzt hat, selbst wenn man auf die Schwurfinger spuckt. Der Hüterbub hat werktags und sonntags die gleichen Hosen, sie reichen ihm bis an die Waden wie dem Geissenpeter. Natürlich geht er barfuss. «Musst du nicht in die Schule?» – «Manchmal gehe ich, aber da gibts ja nur mit dem Lineal, das verleidet mir.» Er ist ein Verdingkind, dem fragt niemand nichts nach. Jetzt im Herbst muss er ohnehin hüten. Es gibt wenig zu hüten. Die Kühe sind träge und vollgefressen mit dem kurzen fetten Gras, sie kommen kaum nach mit Wiederkäuen. Sie bimmeln herum, stieren das Tal hinab, wie Nebel weben und wehen die Klangschichten ihrer Glocken. Hie und da gehen plötzlich zwei aufeinander los, dann schrillen die schweren Kupferglocken, der Hüterbueb rennt dazwischen und schlägt jede mit dem dicken astlöchrigen Stecken auf die harte, unempfindliche Kante über dem Arsch, wie er das nennt. Wir dürfen das nicht sagen, notfalls «Hintern», und auch das fast nur im Zusammenhang mit Schlägen, die man auf denselben bekommt. Einige Bauern haben jetzt statt Hüterbuben elektrische Zäune mit einem tickenden Kessel. «Halt den Draht fest!», sagen die Oberschüler während der Pause. Es ist eine Mutprobe. Zuerst geschieht nichts, und wenn du denkst, da passiert ja gar nichts, kommt der Schlag, ein trockener Schlag, direkt von der Hand ins Herz und ins

Hirn, und dann eine wohlige Wärme, wie bei den Waldklammern. «Bin ich jetzt tot?» – «Abah, dummes Zeug, das braucht mehr.»

Wie soll ich wissen, wie Totsein geht? Die Sonne ist talwärts hinter den langen Hügelzügen verschwunden. Der Hüterbub treibt die Kühe heim, wir helfen noch ein Stück weit und schlagen mit unseren dünnen Stecken die Tiere auf die harte Hinterkante über dem Arsch, das verschafft uns Gelegenheit, das Wort noch ein paarmal auszusprechen. Jetzt kommen die Schüler, fast alle gebückt unter den schweren Tornistern, sie verlaufen sich auf den Waldwegen zu den Einzelhöfen. «Sälü», sagen sie, oder überhaupt nichts. Aus den Kaminen über den breiten steilen Dächern steigt Rauch. In den Ställen gehen die Laternen an. Bellend empfangen die Hunde die Kühe. Die Bäuerinnen raffen im Garten Grünzeug zusammen und steigen über hohe, ausgetretene Türschwellen in die Küche. Beim Apfelbaum unten kehren wir um. Aus dem Schulhaus tönt unser edles Klavier. Die Marseillaise. Vater singt und spielt «Die beiden Grenadiere», laut, damit die Mutter es hört. «Was schert mich Weib, was schert mich Kind, ich trage weit bessres Verlangen, lass sie betteln gehn, wenn sie hungrig sind. Mein Kaiser, mein Kaiser gefangen!» Ich klettere über die hohe, ausgetretene Türschwelle. Mutter dreht die Rösti im heissen dicken Fett. «Da bist du ja», sagt sie.

Vaters Spielzeug

Als ich fast so klein war wie du, muss Vater sich durchaus geschert haben, jedenfalls ums Kind. Davon zeugen all die hölzernen Spielzeuge, die er mir schreinerte und drechselte.

Vater war auch gelernter Handfertigkeitslehrer, wie das damals hiess. Handfertig, das war er. Indem er die Dinge selber herstellte, glaubte er, sie besser verstehen zu können. Verstehen durch Herstellung, nicht durch Reflexion. Er konnte alles reparieren; noch im hohen Alter wusste er jedes neue Gebrechen sofort mit einer entsprechenden Bastelei zu kompensieren. Wie alle Primarlehrer war er der festen Überzeugung, dass man durch Unterrichten letztlich den besseren, den Neuen Menschen herstellen könne. Auswendiglernen (nicht stur wie bei den alten Schulmeistern, sondern mit leidenschaftlich vorgetragenem und eingebläutem Sinn), Singen (frisch und ohne Singscham) und Handfertigkeit inklusive fehlerfreies Technisch Zeichnen, das würde es bringen.

Du, Enkel, letzte Nacht habe ich bei Lévy-Strauss gelesen: «Der Pessimismus lehrt mich, dass es auf jeden Fall statt einem erbitterten Humanismus einen bescheidenen Humanismus braucht.» Vaters mangelnde Bereitschaft und Unfähigkeit zur Reflexion näherte ihn trotz seinem gelegentlichen Hang zum Pathos jenem bescheidenen Humanismus an.

Als Erstes fertigte er mir einen Schubkarren. Der zum Warentransport bestimmte Mittelteil war vom Design her vielleicht etwas missraten, auch wenn zwei mithilfe einer Schablone aufgemalte Rassepferde mit lippizanerhaften Schwänzen die Seitenwände aufs Eleganteste belebten. Noch spüre ich, wie die feinpolierten, anatomisch genau meinen Handflächen angepassten Griffe sich anfühlten, wie das ganze Vehikel von ihnen aus gesteuert wurde, wie die Kraft je nach Ladung in die Bewegung geworfen werden musste, nicht zu zaghaft, sonst bockte das Ding, nicht zu heftig, und schon gar nicht vertikal angesetzt, sonst stiess es an die Steine und Verwerfungen der gepflasterten Terrasse oder des Naturbodens. Deshalb wird der Benne weder die hochdeutsche Bezeichnung «Schubkarre(n)» noch das schweizerische «Stosskarren» ganz gerecht: Das Ding will weder urban geschoben noch simpel bäurisch gestossen werden. So behindern die undifferenzierten Bezeichnungen die adäquate Handhabung des Bezeichneten.

Und dann kam schon die erste Eisenbahn, aus Holz, auf kleinen, sorgfältig gedrechselten Rädern holpernd. Ein

Triebwagen mit Gepäckraum und der für uns unerreichbaren ersten Klasse. Die Schiebetüren glitten bei jeder Witterung wie geölt. Vater hatte eine eigene Politur erfunden, die verhinderte, dass das Holz im Tages- und Jahreslauf sich verbog, damit könne er Millionär werden, wenn er wolle. Es verstand sich, dass er nicht wollte. «Millionär», das war ein mythisches Wort, es gab das, zweifellos, aber für uns lag es ausserhalb diesseitiger Vorstellungs- und Erfahrungsmöglichkeiten. Nie wäre jemand in meiner Umgebung auf die Idee gekommen, Millionär werden zu wollen, so wenig wie Dirigent eines richtigen Orchesters oder Bundesrat, oder Papst. Oder «Führer». Auf dem Triebwagen und auf den beiden dreifenstrigen Personenwagen stand EBT, die Abkürzung für Emmental–Burgdorf–Thun-Bahn. Mir waren nur zwei Abkürzungen geläufig: EBT und BGB, die Bauern-, Gewerbe- und Bürgerpartei. Unter oft widrigen meteorologischen und verkehrstechnischen Bedingungen befuhr ich nun auf meinen Geistreisen alle Stationen das Emmental hinauf und hinunter. Nach Thun wagte ich mich erst, als ich dank des Sandkastens auch über einen See und entsprechende Hochgebirge verfügte. Zurecht stolz war Vater auf die fast mikroskopisch gearbeiteten, massstabgetreuen Treppchen der Wagen. Ich hätte ihrer zum Einsteigen nicht bedurft, meine Fantasie war wenig naturalistisch angelegt, und ich konnte mir diese Liebe zum Detail nie zu eigen machen, umso mehr bewundere ich sie bis heute bei andern.

Ein Schaukelpferd fertigte er mir, aus Tannenbrettern in sattem Rot und Blau, breit wie ein Mississippidampfer, nahezu unkippbar. Den Pferdekopf hatte er irgendwo gekauft. Schaukelte ich? In den Kinderzeiten, die meine Erinnerung zuweilen gerade noch erhascht, nicht mehr. Aber von ganz weit her scheint da ein Schaukeln auf, ich spüre es. Das war das wohl erste Erleben einer Beschleunigung, die über die eigenen Möglichkeiten hinausgeht. Da ist eine Bewegung vor der Erinnerung, mein Körper sagt mir, dass er sehr klein war und in Schwung geriet, in eine rasende Sequenz gerissen wurde, dass das Licht – daran erinnere ich mich sogar –, dass das Licht schräg über die Baumwipfel ins Wohnzimmer fiel, dass dieses Licht sich auffächerte in flimmernde Streifen, dass Wärme mich durchfuhr, bis alle Poren und Zellen funkten wie bei den Waldklammern und dem elektrischen Zaun. Dann bremste mich eine Hand, und ich hasste dieses Bremsen. Es mag sein, dass ich von da an das Schaukelpferd mied.

Einen Bahnhof bastelte mir Vater, aus Sperrholz, im Bauhausstil, streng viereckig mit breiten Fensterfronten aus Staniol. Und Flachdach. Man konnte das Flachdach bequem abheben und im Innern des Gebäudes alle Schienen der Märklin-Eisenbahn verstauen, die eines Tages in einer massiven Schachtel unter dem Weihnachtsbaum gelegen hatte. Das Geschenk traf mich völlig unvorbereitet, mir schien es ganz natürlich, dass die meisten der erfreulichen Dinge ausserhalb meiner Reichweite lagen, und ich verfiel gar nicht erst auf die Idee, sie für wünschbar zu halten. Der Bahnhof wurde mir Heimstätte, wie später die Bahnhöfe zur Heimstätte der sogenannten Fremdarbeiter wurden. Hier hing ich herum, palaverte mit mir selber, stellte mir Fahrkarten zu exotischen Orten aus und bestieg den Zweitklasswagen. Zweite Klasse war bereits ein Luxus, wir fuhren auf der EBT dritte Klasse, das gab es noch damals. Meinen zwei Eisenbahnen, der hölzernen und der Märklin, ist es wohl zuzuschreiben, dass ich mich nur dort zu Hause fühle, wo man zumindest die Illusion hegen darf, wieder wegfahren zu können – wie «der Münich in seiner Zell' am Fenstergitter grau».

Einen Zugkarren bastelte Vater mir, aus massivem Eichenholz, mit guter dicker Ölfarbe bestrichen und wasserdichter Glasur, aussen grün, innen rot. Mit solchen «Bännen» transportierten die Bauern ihre Rüben vor den Keller und die Schweine zum Metzger. Ich wiederum verschob Pfälzerrübchen, Sellerie, Lauch und Kartoffeln; weniger gern Randen und Salatköpfe, Rübkohl mit Widerwillen, der war spähnig und selbst mit Mutters wunderbarer weisser Sauce eigentlich ungeniessbar, Spinat wiederum mit Vergnügen. Birnen, Pflaumen, Zwetschgen karrte ich herbei, in Körbchen Erdbeeren, Himbeeren, Meertrübeli und Stachelbeeren, die ohne mein Zutun abgefallen waren, die tiefblauen Heidelbeeren aus dem Wald, unter denen sich das Märchenrot der schrumpfligsüssen Walderdbeeren und Waldhimbeeren verbarg. Ein mobiles, rumpelndes Stillleben war mein Fuhrwerk, nur Äpfel wurden bei aller Artenvielfalt nicht geduldet. Ich habe nie einen Apfel gegessen und werde nie einen essen. Äpfel ertrage ich nicht, nicht einmal als Calvados, nicht einmal auf Stillleben. Ein

Fall für die Psychiatrie – ob ich der letzte Mensch bin, der noch an der Erbsünde trägt?

Mein weisses Kaninchen fuhr ich gern auf die Weideplätze am Waldrand, wo das Gras hoch stand, weil die Kühe nicht hinkamen. Es wurde bei dem Auslauf, den ich ihm gestattete, rund und flink. Heute würde man es ein glückliches Kaninchen nennen. Zum Metzger hätte ich es nie führen wollen – und genau da klafft ein Abgrund in meiner Erinnerung. Wenn ich mich in ihn hinabzustürzen wage, sehe ich einen gekachelten Raum im Tal unten. In den Ablaufrinnen des Steinbodens fliesst Blut. Ein Mann in blauen Überhosen hat mein Kaninchen an den Hinterbeinen an einem Drahtseil aufgehängt und zieht ihm das weisse Fell ab. Es muss im Vorfrühling gewesen sein, draussen liegen schmutzige Schneereste. Um fünf Uhr nachmittags etwa, die untergehende Sonne wirft ein bleiches Licht auf die Szene. Manchmal habe ich das Bild für Jahre vergessen, plötzlich ist es wieder da, im Traum, aber auch am hellen Tag, und es verstört mich nach wie vor, viel mehr als ein halbes Jahrhundert später.

Das apokalyptische Ross

Da ist ein weiterer Bildriss im Terrain vague meiner Erinnerung. Er reicht noch tiefer, fast bis auf dein gegenwärtiges Alter hinab, Enkel, ein schepperndes Blitzlicht: das apokalyptische Ross.

Ich höre ein gewaltiges Krachen und Rumpeln hinter mir, hatte es wohl schon lange nahen gehört, aber erst jetzt werde ich es inne, jäh, im allerletzten Augenblick. Nie hatte ich bisher etwas so Lautes vernommen, ein Schlagen und Hämmern, Knirschen und Schleifen, Metall auf Stein, auf Fels, ein bösartiger fremder Schall. Dann fliege ich, ja ich fliege, neben mir sprengt ein brauner schweissnasser Pferdeleib vorbei, eiserne Zacken wirbeln, schwere hüpfende, rasselnde Zacken. Der Lärm entfernt sich, zwei Pferdehintern verschwinden.

Solange sie lebten, haben meine Eltern die Geschichte stets von neuem erzählt, immer genau gleich, sie wurde nicht von Mal zu Mal drastischer wie andere Geschichten. Meine Kusine hatte mich im Kinderwagen spazieren gefahren, den schattigen Hohlweg zum Bach hinunter. Bei der Rückkehr schreckt sie der geschilderte Lärm. Sie dreht sich um und sieht zwei scheuende Pferde dahergaloppieren, sie sind einem Bauern bei der Feldarbeit «entronnen», wie man das nannte, irgendetwas hatte sie erschreckt und ihren Fluchttrieb ausgelöst. Sie schleifen eine schwere eiserne Egge nach, die von einer Seite des Hohlwegs an die andere schlingert. Meiner Kusine gelingt ein Sprung den fast senkrechten Hang hinauf, mit einer Hand klammert sie sich an einen Haselstrauch, mit der andern reisst sie den Kinderwagen in die Luft und stemmt ihn, bis das Getöse verhallt.

Frühes Glück

Es gibt nicht nur die Schächte schwarzen Erschreckens oder geblendeten Erstarrens, es gibt auch die farbenreichen Fernblicke, die Einblicke in die vorerinnerte Zeit.

Ich sehe hinab auf einen grünblauen Teich (ein bisschen wie der Teich mit den Hirten in Grossvaters Haus) inmitten frischen Grüns. Schumanns Grün, von dem Vater am Klavier sang: «Du junges Grün, du frisches Gras, wie manches Herz durch dich genas …» Auf dem Grün eine Decke, ein Korb mit Esswaren, eine Thermosflasche. Um uns lauter Gelb, ich finde kein Wort für diese frühlingshelle Farbe, man müsste eine Entsprechung für «Lindengrün» finden, kein knalliges, kein giftig glänzendes, kein hämisches, kein unverschämtes Gelb, sondern ein frisches, fröhliches (und wiederum kein frischfröhliches) Gelb. Zweierlei Gelb: das samtene der Sumpfdotterblumen und das botticellische der Schlüsselblumen. Ihretwegen sind wir hergefahren, sie bildeten jedenfalls den Vorwand, denn ohne nützliches Motiv darf im Emmental keine Lustfahrt unternommen werden. Einfach so zur Freude losfahren hätte sich nicht geschickt. Schlüsselblumen kann man schliesslich trocknen und einen Tee daraus brauen, der für irgendetwas gut sein soll. Ringsum dunkler Wald, aus dessen leisem Rauschen Hasen hoppeln und Rehe äugen. Ein Kuckuck. «Wünsch dir etwas!», befiehlt der Vater, jetzt, wo Mutter einmal wunschlos ist. Die ersten Bienen summen. Ich liege auf dem Rücken und schaue den endlosen, leise schwankenden Stämmen entlang in den Himmel hinauf, den hohen Himmel, an dem die Wolken ziehen wie nach einem geheimen Fahrplan. Auf einmal singt der Vater: «Wer hat dich, du schöner Wald», und Mutter fällt ein mit der so selten vernommenen glockenreinen Mädchenstimme, «aufgebaut so hoch da droben?» Das war Glück, frühes Glück.

Vor Jahren tingelten wir mit der «Johannes-Passion» durch Italien. Ich spielte das Continuo und sogar auf dem Cello die obligate Stimme des «Es ist vollbracht», weil wir uns eine Gambe nicht leisten konnten. Da, im herben Weihrauchdunst der italienischen Dome, begegnete ich den Schlüsselblumen wieder, den «Himmelsschlüsselblumen» in dem Arioso mit den zwei Violen d'amore.

Die Orgel

Wie transportiert man einen solchen Winzling wie dich? – Deine Eltern tun es vorerst, wie es alle vernünftigen Eltern tun, seitdem es «wissenschaftlich» untersucht und ratifiziert wurde: auf die Art der Kängurus. Dir passts, das sieht man von blossem Auge, ohne Wissenschaft. Deine Eltern sind beide Musiker, da erlebst du natürlich auf direktem Weg all die wunderbaren Arten der Bewegung und der Rhythmen. Dein Kinderwagen ist schon fast wieder so hoch und verspielt wie meiner es war, steifbeinig wie ein junges Pferd und doch federnd. Vorbei die Zeit, wo junge, grimmig blickende Mütter ihre Kleinen navigierten, als sässen die in niedrigen Kampfwagen oder Rammböcken. Und im Auto hast du den ganzen weiten Hintersitz für dich.

Hat man denn je «wissenschaftlich» untersucht, inwiefern die frühkindlichen Transporterfahrungen das lebenslange Bewusstsein und Verhalten prägen?

Kaum konnte ich sitzen, befestigte der Vater ein Kindersättelchen auf der Querstange seines massiven englischen Fahrrads, da war ich geborgen zwischen seinen Armen und sass im Bug der Bewegung. Ich glaube, heute ist das verboten und ohnehin zu gefährlich. Jeden Samstag setzte mich Vater in den Sattel, fuhr zum Apfelbaum hinunter, die lange Biegung über die Terrasse, warf uns den steilen Weg hinab ins Tal, querte im dritten Gang den Talgrund, damit der Schwung für den Aufstieg auf die gegenüberliegende Terrasse reiche. Bei dem hölzernen Vordach an der

Kirchmauer stellte er das Rad an, drehte den Riegel des Sicherheitsschlosses in die Speichen, streifte die Hosenklammern ab und stieg die hölzerne Aussentreppe hinauf zur Empore, zerrte den schweren Schlüsselbund aus der Tasche, öffnete den Rollladen über dem Spieltisch, zog ein paar Register, fluchte leise, hiess mich, einen Ton repetieren, stieg ins Werk hinein, nahm eine Pfeife aus der Fassung, blies den Staub hinaus, kroch aus dem Werk, nieste und spielte ein paar Akkorde. «Geh einmal hören», befahl er, ich kletterte die hohen Stufen hinunter. «Kommts bald!», rief er, dabei hatte er mich ermahnt, vorsichtig die Treppe hinunterzugehen. «Ists recht so?», fragte er, «oder ist das besser?» – «Das da!», rief ich hinauf, «darf ich unten bleiben?»

Nun schritt ich auf dem frisch gefegten Riemenboden zwischen den hohen Bankreihen dahin, das Schreiten wollte gelernt sein, bis es der knorrigen Ensthaftigkeit der Kirchgänger entsprach, jener Versunkenheit, die doch jedes unpassende Kleidungsstück und ihre Trägerin registrierte, jedes sündige Lippenrot und unnötige Handschuhwerk. Jetzt war das leicht vorgeneigte Stehen und Murmeln zu vollziehen, das Amen im Absitzen. Deshalb hatte ich meine Kondukteursmütze aufgesetzt, damit ich etwas zum Abnehmen hatte und einen Rand, über den ich murmeln konnte. So zelebrierte ich den Ein- und Ausgang der Gemeinde, den zu behüten der Pfarrer jeden Sonntag von der Kanzel dem Lieben Gott inständig ans Herz legte. Dem Heiland im Chor schenkte ich kaum Beachtung, der Maria schon gar nicht, ihrer zu gedenken war uns «Reformierten» nahezu verboten. Der Liebe Gott wiederum war für mich eine recht klar umrissene Figur, der musste sein, seine zehn Gebote mahnten flächendeckend an der Seitenwand zu gottgefälligem Wandel, in gotischen Buchstaben festgemalt und zwiefach umrahmt. Mit dem Heiland hingegen wusste ich nichts anzufangen. Der sah auch so hergelaufen und unterernährt aus, ein Emmentaler war das nicht. Er sei für uns gestorben, hatte meine Mutter mit einem gewissen, wohl dem Vater zugedachten Nachdruck bemerkt, aber ich wünschte keineswegs, dass gestorben wurde, weder für mich noch für sich. Das ermordete Kaninchen war schon zu viel.

Jetzt durfte ich mich setzen, in die erste Bank unter der Empore, die unter Vaters Orgelschlagen ächzte und bebte. Die Kirche war berühmt und wurde häufig von kunstbeflissenen Wanderern besichtigt wegen ihrer hohen schmalen Glasfenster in einem magischen Blau, in dem feingeritzte Ornamente mäanderten. Das Blau war namenlos, nirgends gab es sonst so ein Blau, es war das berühmteste, himmlischste Blau der Welt, das stand fest, für den Vater, für den Grossvater, der nur bei Taufen, Hochzeiten und Beerdigungen hier erschien, für den Pfarrer und für den Gemeindepräsidenten. Sogar ein Regierungsrat sei einmal da gewesen und habe es auch gesagt, behauptete der Vater. Schien die Sonne, wurde die Kirche zum Märchenschloss, ich sass in lauter Funkeln, Spiegeln und Prangen. Wie von Diamanten glühte der Schein des blauen Lichts auf dem hellen Steinboden um den Altartisch, das dunkle, mit Öl vollgesogene Holz umfing dieses Licht wie ein Schrein. So etwas war vielleicht mit dem Wort «gesalbt» gemeint, das der Pfarrer oft gebrauchte. Im November jedoch versank die Kirche in eisige Trauer, selbst das alte gesalbte Holz erstarrte. Das war wie eine Mahnung des Lieben Gottes, als wolle er uns dartun, wie kalt und düster das Dasein sein konnte, wenn unser Glaube an ihn, unser Beten, Besingen und Anrufen es nicht pausenlos erwärmten. Vater spielte in Wollhandschuhen, er hielt die Übezeit noch kürzer als sonst, notierte sich von der Anzeigetafel rechts an der Chorwand die Nummern der Choräle und der Strophen, stellte die dicken Hefte auf das massive Notenpult, zuhinterst das Ausgangsspiel, Buxtehude oder Frescobaldi, vorn das Eingangsspiel, Pachelbel, dazwischen die aufgeschlagenen Vorspiele der Choräle, wofür er, wenn er sie nicht stockend improvisierte, zum Unmut der Gemeinde gern Zeitgenössisches wählte, Willy Burkhard, der ihn im Seminar kurz und nachhaltig unterrichtet hatte, und Hans Studer, den Klassengenossen. Zuletzt reihte er an der Kante des Spieltischs die Kartonstücke auf, die er, der Handfertigkeitslehrer, mit der im Technisch Zeichnen erworbenen Akkuratesse ausgeschnitten hatte, genau so viele, wie der erste Choral Strophen zählte. Morgen würde er nach jeder Strophe gleichzeitig mit dem Zurückblättern einen Karton wegpicken und erst aufhören, wenn der Spieltisch leer war. Die Kartons für die nächsten Choräle ordnete er, während der Pfarrer palaverte, wie er es nannte. Vor dieser ingeniösen Erfindung hatte er am Sonntagmorgen, an dem er immer sehr bleich und faltig aussah, häufig die Gemeinde im Stich gelassen, weil er sich verzählte und meinte, die Strophen seien bereits alle absolviert. Das nahmen ihm die Leute übel, es war für sie, wie wenn sie plötzlich in Unterhosen vor dem HERRN gestanden hätten. Oder er spielte seine Akkorde weiter, wenn alle längst fertig waren, was die Männer mit Räuspern und Scharren, die Fräulein und Frauen, das schmerzte ihn am meisten, mit Kichern quittierten. Da versuchte er dann, der Panne den Anschein eines gewollten Nachspiels zu geben und fand in der Eile und im Nebel seiner Sonntagmorgen den Weg zurück nicht mehr, durchstolperte alle ihm erreichbaren Tonarten des wohltemperierten

Klaviers und warf sich schliesslich dann doch ohne erkennbare Kadenz in die Tonika, die er zum Trotz eine gute halbe Minute lang aushielt.

Mir tat es leid, dass der Vater immer so rasch sein Üben abbrach und mich aus dem Märchen riss, aber ich merkte wohl, dass er eigentlich nur übte, um geübt zu haben, um sein permanent schlechtes Gewissen, das die zehn Gebote an der Wand verfestigten, notdürftig zu beschwichtigen. Vater wusste auf Anhieb mit allen Instrumenten umzugehen. Wenn die Blasmusik eines dieser neumodischen Dinger mit den überdimensionierten Schalltrichtern – «öppis amerikanisch Verdammtecheibs», nörgelten ältere Musikanten – erworben hatte, liess er es sich reichen, fingerte ein bisschen auf den Klappen, büschelte wichtigtuerisch die Lippen und spielte schon besser als die Eigentümer. Es genügte ihm, gezeigt zu haben, dass er könnte, wenn er wollte, aber Wollen hielt er für unter seiner Würde, das war Sache der Streber, die er verachtete und um ihre Karrieren ingrimmig benied.

Beim Heimfahren nutzte er den Schwung nicht, bremste vielmehr im Talgrund beim «Sternen», Metzgerei und Gasthof, stellte das Velo an die Mauer mit den eisernen Ringen, wo die Bauern ihre Pferde anbanden, und befahl mir, im Laden «vorläufig» ein Brot zu holen, Sauerteig, und Tabak, sie wissen schon welchen. Ich nahm mir Zeit, ging noch eine Weile nebenan in die Mühle und zählte die prallen Mehlsäcke, besichtigte die Enten und Gänse beim Feuerweiher und war meist doch zu früh, bis der Vater herauskam und ohne Hosenklammern hastig aber nicht mehr schwungvoll das Rad bestieg. Der fremde Atem, den er mir in den Nacken blies, war mir lästig. «Was ist?», fragte er schroff, «was hast du?» – «Nichts», sagte ich. «Doch, du hast etwas.» – «Nichts!», schrie ich, kalte Tränen liefen mir die Wangen herab, vom Fahrwind wohl.

Deshalb war es mir eigentlich recht, dass der Vater immer häufiger die fünf Stufen der Steintreppe herunterkam – nicht ganz mein Vater, eine schwankende, von der Dämmerung verwischte Gestalt aus einem unguten Märchen – und mir gleichgültig sagte, ich solle «schon» heimgehen, er komme noch nicht. Ich stieg beim Einnachten mit meinem Sauerteig, den Tabak hatte er mir abgenommen, den steilen Weg hinauf, lief über die jetzt endlose Biegung zum Apfelbaum und hinauf zum eingedunkelten Schulhaus. «Da bist du ja», sagte die Mutter, «wo ist der Vater?» – «Er kommt noch nicht», sagte ich.

Fotografie

Etwas Wichtiges habe ich bei den Schlüsselblumen vergessen: Sobald wir die Decke über dem frischen Grün ausgebreitet hatten, zog der Vater die konischen Rohre seines Stativs auseinander und schraubte den Fotoapparat mit dem Selbstauslöser darauf. Mutter legte mich auf den Bauch, zupfte an mir herum, griff mir liebevoll unters Kinn und empfahl mir, zu lächeln. Dann legte auch sie sich auf den Bauch, strich ihren geblümten, fürs Velo nicht eben geeigneten Rock glatt und machte ihr schönes Gesicht. So war es eine Prinzessinnenmutter mit einer Haut wie Milch und Blut. Das sonst so strenge, ebenmässige Gesicht wurde weich, ein sanfter Schleier legte sich über ihre grünen Augen und die schmalen Lippen wollten sich zu einem Anflug von Lächeln öffnen. Sie hatte rabenschwarzes Haar, das sie genau in der Achse ihrer symmetrischen Züge streng scheitelte. Am Abend fiel es bis an die Hüften, fast wie bei Jorinde und Joringel im Märchen der Gebrüder Grimm, aber am Tag flocht sie Zöpfe und knüpfte sie zu zwei handgrossen Schnecken, die ihre zierlichen, aufmerksamen Ohren deckten. Keine andere Frau hatte solche Haare und trug sie so. Erst später sah ich auf Fotos aus der sogenannten Zwischenkriegszeit (die damals enden wollte) Pariser und Berliner Damen in engen Kostümen, mit hohen Absätzen und kühn geschweiften Hüten, und einige trugen solche Schnecken. Auch meine Mutter hatte einen verrückten Hut, verrückt nannten ihn alle, «man muss sich ja genieren mit so hoffärtigem Zeug», und weisse Handschuhe hatte sie, bis zu den Ellbogen, aber nicht zum Velofahren. Ja, nun betätigte Vater den Selbstauslöser, schrie «Achtung!», der Apparat begann zu schnurren, und Vater hechtete mit einem gewaltigen Sprung auf die Wolldecke in die Bauchlage. Ich erkenne auf jeder Foto, ob er sie mit dem Selbstauslöser gemacht hat, da gleicht er sich wirklich, bei unseren gemeinsamen Naturaufnahmen hat er einen schelmischen, jünglingshaften Zug, weil die Zeit weder dazu reichte, das Schulmeistergesicht zurechtzubüscheln, noch dazu, die Weltschmerzpose aufzusetzen.

Vielleicht gibt es diese Fotos noch unter den tausend nachgelassenen, die in Schubladen auf dem Estrich unseres Hauses am Mont Vully vor sich hin gilben, nach einer schwer entschlüsselbaren Systematik geordnet. Ein seltsames Gefühl, sich vorzustellen, dass es neben dem einsturzgefährdeten Höhlensystem meiner Erinnerung auch real existierende Zeugnisse gäbe. Stell dir vor, da liegt ungehoben eine ganze Kulturgeschichte, unser Patrimoine. Darf man das alles aufwecken? Vielleicht setzen wir uns einmal dahinter, Enkel, das wäre doch schön, an einem heissen Sommertag, die weissen Segel auf dem See unten, fern Eigermönchjungfrau aus ungewohntem Blickwinkel und der Feigenbaum vorm Fenster. Jetzt aber versage ich mir jede visuelle Krücke. Das gehörte zu meinem Abrücken vom Vater, dass ich selber auf Reisen in ferne Länder und bei sogenannten Höhepunkten des Lebens auf fotografische und später filmische Fixierung verzichtete. Was sich nicht in der inneren Vorstellung erhalte, sei des Erinnerns nicht wert, behauptete ich. Herr Alzheimer wird auf den Stockzähnen gelächelt haben.

Vater hat sein Leben lang fotografiert wie ein Besessener. Das Seminar, die Heuet, die Schulreisen, das Liebeswerben, das Baden in der Emme, die Feuersbrünste, die Dorf- und die Bergchilbi, bis zuletzt, wo er nur noch Blumen fotografierte. So versuchte er auch das zu begreifen, was ausserhalb seiner Handfertigkeit lag. Er hatte eine eigene Dunkelkammer, weil das Fotogeschäft in Langnau nie den Dichtegrad traf, der ihm vorschwebte. Diese Fotos seien «glarig», sagte er, glänzendes, gestelltes Zeug zum Aufstellen auf dem Buffet, ihm gehe es um anderes. Worum sagte er nicht. Wenn er guter Laune war, durfte ich in der Dunkelkammer dabei sein, aber mucksmäuschenstill, sagte er, und wenn du die Tür aufmachst, schlag ich dich tot. Dort hantierte er bei gedämpftem Licht, giftgrüne Schemen fuhren über die Wand, er zog nasse glänzige Folien durch Säuren und Laugen, fluchte, gedämpft wie das Licht, gluckste freudig, befestigte sein Werk an drahtigen Klammern. «Entwickeln» nannte er das.

Das Klavier

«Denn alles Fleisch, es ist wie Gras ...» – Vater stocherte zuweilen auch im «Deutschen Requiem» herum und in den «Vier ernsten Gesängen». «Denn es gehet dem Menschen wie dem Vieh, wie dies stirbt, so stirbt er auch ...» – er trompetete es hinaus, statt es zurückzunehmen, so wie er sich manchmal in rätselhaften Schmerzen auf dem Sofa wand und schrie: «Mich tötet es noch!», in einem infantilen anklägerischen Zorn, der sich in der Mutter verfing. Damals begann er schon, seinen Weltschmerz auf die Mutter zu richten. Dabei schrie er doch selber: «Mich tötet ‹es› noch!» Dieses Es konnte er bei aller Handfertigkeit nicht dingfest machen und auch nicht fotografieren. Er missbrauchte den Tod als Waffe in banalen häuslichen Szenen, die mich in ungeheuren Schrecken versetzten. Deshalb konnte ich ihm bei seinem Sterben dann auch nicht viel helfen. Ich tat Dienst nach Vorschrift, wie es sich für einen guten Sohn gehört. Er hatte den Stachel des Todes in meiner Kindheit übernutzt, und als dieser Stachel ein gutes halbes Jahrhundert später wirklich zustiess, war er stumpf geworden. Nur seinen Brahms werde ich nicht los. Durch sein Zusammenstoppeln der Noten zerstörte er die bummernden Walking Basses, über denen die Traurigkeit wie auf Kugellagern vorbeizieht. Seine Trauer sackte ab unter der Last einer übertrieben furtwänglerschen Bedeutungsschwere.

Das Klavier stand in unserer Wohnstube, ein schweres Schmidt-Flohr aus echtem Mahagoni, später der Schrecken aller Zügelmänner. Es hatte einen runden ausschwingenden Klang, mit einem glitzernden Diskant und Bässen wie ein Konzertflügel. Die Mitte war etwas mulmig geworden, weil Vater sich am häufigsten dort aufhielt. Er wollte das Klavier für sich haben, auch mich duldete er nicht, als Hörer nicht und nicht als Spieler, und so blieb Klavier mir fremd, Klavier war nichts für mich, auch hier beliess ich es mein Leben lang beim Dienst nach Vorschrift. Für Vater war Klavier etwas Privates, Intimes sogar, er wollte sich mitteilen, und doch sollte es niemand hören, jedenfalls nicht wir, er spielte für Hörer, die nie erschienen, die es vielleicht überhaupt nicht gab. Das spürte ich noch im Nebenzimmer, sein gebremster Ausdruckswille drang durch die Ritzen wie ein Giftgas. Der Schulkommissionspräsident hätte allerdings auch kein Klavier in der Schulstube geduldet. Klavier war etwas für Städter, für Mehrbessere, etwas aus einer andern Welt, die er als feindlich empfand; wer Klavier spielte, schadete vielleicht sogar der Heimat, besonders jetzt, wo der Feind gerüstet stand. Hätte er das Wort gekannt, würde er es subversiv genannt haben, so taten es erst die Präsidenten der nächsten Generation. Unsereins braucht kein Klavier, sagte der Präsident, meinetwegen eins im Sternensaal, für die Männerchorproben. Aber Vater war ein Schlaumeier, er stellte ein ausgeleiertes Harmonium in die Schulstube. Das stöhnte und klapperte; wenn Vater es traktierte, bog es sich und schnappte nach Luft. Aus dem Harmonium tönte die Mühsal des Daseins. «Und wenns köstlich gewesen ist, so ist es Mühe und Arbeit gewesen», singt der Psalmist.

Wintersport

Auch das Skifahren war eine Mühsal, die Skier wogen fast so schwer wie ein Klavier, klobig und lang waren sie. Wenn man sie in der Schreinerei anpasste, musste man den rechten Arm ganz hochstrecken; die stark gebogenen Spitzen mit den eckigen Nippeln, die im Schnee wie Wikingerschiffe vorausfuhren, mussten bis zur Handfläche reichen. Die Bindungen schloss man hinter den Absätzen der Bergschuhe, eine mühsame Sache in den steif gefrorenen Arbeitshosen, und doch lösten sie sich ständig während der Fahrt. Die Stöcke waren aus Holz, bei den Kindern der Talbauern aus Bambus, und reichten einem bis zu den Ohren. So bewaffnet stieg man den Steilhang über dem Apfelbaum hinauf, man «tanndlete», arbeitete sich mit den gekreuzten langen Latten die Falllinie hinauf, das gab eine Spur wie eine Tanne. Im Zickzack aufzusteigen schickte sich nicht, war Zeichen untunlicher Verweichlichung. Oben ruhte man auf dem Fuhrweg aus und schaute hinunter, fast wie im Sommer vom Dreimeterbrett im Burgdorfer Bad. Das Leben war eine einzige Mutprobe, was man gewollt hätte, schickte sich nicht, und was man fürchtete, musste getan werden. So stürzte man sich ins Leere, die eigenen glitschigen Tandlispuren hinunter, die Tränen liefen über die Backen, und man hatte nur eine Sorge: dem Apfelbaum auszuweichen. Mit Glück lief es in der Ebene aus, und sonst endete man in einem Wirbel von Schnee, Dreck, Steinen, Brettern und Stöcken. Da war man plötzlich froh, dass die Eltern keine Stahlkanten bezahlen konnten und keine Metallspitzen an den Stöcken, die einem in die Haut schneiden oder ins Auge hätten fahren können.

In ähnlich apokalyptische Wirbel lief man auch hinein, wenn man auf den gefrorenen Wald- und Feuerweihern Eishockey spielte. Mit dem Vierkantschlüssel schraubte man die rostigen Eisen an, die man von irgendwoher geerbt hatte. Stöcke besassen nur ein paar Oberschüler, wir mussten eine Astgabel suchen. Das Tor markierten wir mit grossen Steinen, was zu endlosem Gezänk der Oberschüler über die Gültigkeit eines Treffers führte, willkommene Verschnaufpausen für die Kleinen. Kaum stand man mit zitternden Knien auf dem holprigen Eis, überfuhr einen ein Oberschüler, das Signal, dass sich alle andern in den Knäuel warfen. «Boditschegg», sagten sie dem. Die Kleinsten zuunterst, die Sinne schwanden, doch manchmal entstand da unten ein Hohlraum, den wir nutzten. Mein erstes bewusst erinnertes Erfolgserlebnis war, wie ich unter den zuckenden Leibern plötzlich den «Pögg» vor mir sah, mit der Astgabel zustiess und ein so einwandfreies Tor schoss, dass sich jede Diskussion erübrigte.

Und noch etwas: das weissgelbe Licht über dem körnigen Schnee, das in sich kreisende Meer der verzuckerten Wälder, die scharfgezeichneten Grate mit den Silhouetten uralter Eichen. Die Stille nach dem Sport, in die das Bimmeln der Pferdeschlitten klang, ein Muhen, ein Bellen, von weit her der matte Ruf einer Krähe.

Turnen

Unser Turnplatz war eigentlich keiner. Unmöglich, darauf seriös zu turnen. Das fiel weiter kaum ins Gewicht, denn an körperlicher Ertüchtigung gebrach es den Bauernbuben gewiss nicht, die Gymnastik der Mädchen beschränkte sich ohnehin auf Freiübungen und Reigentänze, zu denen es keiner besonderen Einrichtungen bedurfte. Aber es gab da einen Lehrplan auch für das Turnen. Dessen Einhaltung kümmerte zwar den Schulkommissionspräsidenten einen alten Hut, er fand sogar, dieses Herumtrödeln nehme den Schülern unnötig Zeit weg, einzig die Marschübungen anerkannte er als nützlich für die Wehrbereitschaft: das Strammstehen auf einem Glied, so gerade ausgerichtet wie ein Strich im Technisch Zeichnen, das Schwenken links und rechts in ebenso saubere Zweier- oder Viererkolonnen, das rechts- oder linksum Kehrt und das Halt eins zwei, das die Burschen in masslose Verwirrung stürzte. Selten gelang es, dass die ganze Schwadron gleichzeitig auf dem linken Fuss anhielt und den rechten stampfend daneben plazierte, da konnte der Vater kommandieren und auf seiner Blechpfeife trillern, so viel er wollte. Leider gab es neben dem Schulkommisionspräsidenten eine zweite Instanz, weiter entfernt zwar, aber mit noch grösseren Kompetenzen ausgestattet: den Schulinspektor. Der erschien drei-, viermal im Jahr, verlangte die Rodel zu sehen, in denen über jede Lektion Rechenschaft zu erstatten war, forderte ergänzende Auskünfte und liess sich einzelne Fächer vorführen, insbesondere Kopfrechnen und Schweizergeschichte (gleichzeitig durchblätterte er die eingesammelten Schulhefte) und eben auch Marschübungen. Singen und Handfertigkeit, wo Vaters Kernkompetenz lag, interessierten ihn weniger. Somit war die Erfüllung der Turnpflicht imperativ.

Der Turnplatz bestand lediglich aus dem ehemaligen, bei Bauernhäusern üblichen Vorplatz, etwas erweitert durch die paar abschüssigen Quadratmeter, die durch den Abbruch der Einfahrt gewonnen worden waren, ein gewalzter Boden voller Kiesel. Diese ersetzten sich ebenso wundersam von selber wie der Staub auf der Heubühne und lädierten manche Kniescheibe fürs Leben. Immerhin hatten die Betroffenen dann eine Wetterfühligkeit, die zuverlässiger funktionierte als die Prognosen der meteorologischen Zentralanstalt, und das war für Bauern durchaus nützlich. An Geräten gab es eine Kletterstange, an der ich alsbald eine affenartige Behendigkeit entwickelte, und ein Kletterseil, das ich verabscheute, weil es so unberechenbar schwankte und an dem man sich, wenn man doch hinauf gelangt war, beim Herunterwetzen die Oberschenkel verbrannte und blutig schürfte. Dann war da noch ein Reck, doch konnte man der Gewohnheit und des Rostes wegen – ist das nicht ein und dasselbe? – die Stange nur in zwei Positionen rammen, eine für die Unter-, eine höhere für die Oberschule. Mir war dieses Gerät unheimlich, mehrmals sah ich Oberschüler bei plumpen Ansätzen zum «Kunstturnen» abstürzen und im spärlichen Sägemehl wie in Totenstarre liegen bleiben. An der Bundesfeier vom 1. August führte jeweils der Vorturner des Turnvereins den «Riesen» vor. Die Scheinwerfer auf dem Turnplatz der Sekundarschule, der ein richtiger Turnplatz war, schwenkten von dem Podium, auf dem die oratorischen und vokalen Exhibitionen stattfanden, hinüber zum Reck, der Vorturner rieb seine Hände umständlich mit Magnesium ein, die Handgelenke hatte er, gleich den Trapezkünstlern im Zirkus Knie, bereits mit einer elastischen Binde umwickelt, er sprang mir vernehmlichem Schnauben hoch, sein gestreckter Körper pendelte allmählich in die Horizontale, geriet in Schwung, ein kollektiver Aufschrei, und er begann, wie die bengalische Sonne beim anschliessenden Feuerwerk, zu kreisen, zweimal, dreimal, in einem Jahr sogar viermal, seinen Nüstern entrang sich feuriger Atem, ein noch lauterer Schrei, er pfeilte ins Leere, alle Viere von sich streckend wie ein im Sprung erschossener Hase und landete mit doppeltem Nachhüpfen in der Hocke. Am Kantonalturnfest hätte er damit keinen Blumentopf gewonnen und am Eidgenössischen wäre er ausgepfiffen worden, hier aber erhob sich frenetischer Beifall. «Der hätte nach Berlin an die Olympiade gehen sollen», sagte einer in der Menge, «an dem hätte der Hitler mehr Freude gehabt als an diesen Negern.» Das am Nationalfeiertag.

Mir war klar, dass ich so etwas nie schaffen würde. Das Reck war für mich erledigt, nur das Rad machte ich gelegentlich, um zu erleben, wie die Baumwipfel, die Wolken und das Sägemehl um mich kreisen, die Beschleunigung zu spüren, den Schwindel, der mich schliesslich zu Boden warf, sodass ich liegen blieb wie die Oberschüler, mich aufrappelte, um mich hinter dem nächsten Haselstrauch zu übergeben. Das reichte dann wieder für ein halbes Jahr.

Ballspiele waren unter diesen Verhältnissen unmöglich, und das schien allen ausser mir recht, ein Lederball war etwas Anrüchiges, zudem Kostspieliges. Die Schule besass ihrer zwei, einer stand als Reserve unter Verschluss, und der andere musste ständig im feuchten Unterholz des schattigen Abhangs zum Frittenbach gesucht werden, ein Zaun wurde erst dem Nachfolger meines Vaters bewilligt. Selbst das einzige statthafte Spiel, der Völkerball, musste oft nach kürzester Zeit infolge Ballverlustes abgebrochen werden, die ganze Schule schwärmte aus und durchsuchte die Büsche, die zwei Schnellsten rasten zum Bach hinunter, um zu verhindern, dass das kostbare Objekt weggeschwemmt wurde, bis hinunter in die Emme, wo es hätte aufgegeben werden müssen.

So warf ich denn meine ganze Ballverliebtheit in den Völkerball, nein: Ich warf eben nicht, sondern brachte es zur Meisterschaft im Ausweichen vor den Würfen. Der Völkerball ist eine Einübung in den Verdrängungs- und Vernichtungskampf der Nationen. Jede verfügt über ein Kampffeld, zuerst sind alle darin, wer getroffen wird, scheidet aus, darf und muss aber im Ballbesitz von aussen weiterschiessen. Gewinner ist, wer zuletzt noch Volksgenossen im Feld hat, und sei es nur ein einziger Überlebender. Dieser einzige war ich; das Volk, das mich zu den Seinen zählen durfte, hatte praktisch schon gewonnen. Ich verschlaufte mich im Feld, bis die Reihen sich lichteten und schliesslich ich allein zurückblieb. Dann kam der Showdown: Die Geschosse prasselten auf mich ein. Bei hohen Schüssen warf ich mich auf die Kiesel, bei tiefen schnellte ich hoch, andere liess ich zwischen den Beinen durch, die meisten verfehlten ohnehin das Ziel, weil ich durch immer neue Finten die Schützen täuschte und längst auf der andern Seite war, wenn ihre Geschosse einschlugen. Inzwischen konnten meine ausgeschiedenen Miteidgenossen in aller Ruhe den Rest der Gegner abknallen, bis alle ausgerottet waren. So einfach ging das.

Fussball

Schulsport war im Grunde schon immer, was man für die höheren Jahrgänge beim Namen nannte: militärischer Vorunterricht. Der Turnplatz eine Vorstufe zum Kasernenhof, wo die durch Fronarbeit auf den Höfen früh versteiften Bauernbuben auf Vordermann gebracht wurden. Kondition hatten sie ja, mehr als genug, der Überhang an körperlicher Leistungs- und Leidensfähigkeit war so gross, dass sie später den Militärdienst als ihre einzige Ferienzeit empfanden. Die seltenen erlaubten Spiele waren Einübung in den Kampf, im Klartext: in den Krieg. Deshalb kam Fussball überhaupt nicht in Frage, mit den Füssen gewann man offenbar keine Kriege, auch wenn sie doch für das Vorrücken und die Flucht dringend hätten gebraucht werden können. Keine Ahnung, wie sich richtiger Fussball anfühlte, ich hörte im Radio manchmal die holprigen Reportagen von Länderspielen und stiess heimlich eine Konservenbüchse in der Welt herum, in beständiger Angst, dass die Schuhe das nicht aushalten würden, wie man mich gewarnt hatte.

Einmal durfte ich mit dem Vater «per Velo» nach Langnau. Er hatte eine Besprechung in einem wilden Tier und fand für 50 Rappen einen «Hüterbuben» für mich, so nannte man damals den Babysitter, ob Kuh oder Kind machte keinen Unterschied. «Geh mit ihm zur Ilfis hinunter, da hat es einen ‹Schuttmatsch›». Tatsächlich, da lag ein riesiges Feld mit struppigen Grasbüscheln, dazwischen tiefe Schlammlöcher, in denen der Ball stecken blieb.

Wenn da einer hineintrat, spritzte der Dreck nur so, die Spieler waren alle gesprenkelt. «Komm wir gehen hinter das Tor, da ist es am spannendsten», sagte der Bub, aber das stimmte nicht: Das andere Tor lag in weitester Ferne, und dazwischen versperrten die Mannschaften die Sicht. Die Spieler hielten sich vor allem im Mittelfeld auf und traten mit voller Wucht nach dem Ball, man hörte die trockenen bösartigen Schläge, dazu stiessen sie wilde Schreie aus, die berndeutschen verstand ich, die anderen seien Englisch. Am lautesten schrien zwei Männlein an der Seitenlinie, die gar nicht mitspielten und auf und abhüpften wie das Rumpelstilzchen, denen sage man Trainer. Nur selten näherte sich eine verdreckte Gestalt gespenstisch unserem Tor, aber der Ball flog um Meter daneben oder darüber, wahrscheinlich hatte die braune Brühe dem Angreifer die Augen verklebt. Eigentlich schien es fast unmöglich, das Ziel zu verfehlen, das wie ein Scheunentor vor mir lag. Es war aus währschaften Balken gezimmert, mit einer Art von Schmetterlingsnetz, da gäbe es nichts zu diskutieren, hätte der Ball nur einmal darin gezappelt. Der Torhüter war ein schon angegrauter Kleiderschrank, der dürfe als Einziger den Ball in die Hand nehmen, aber so weit kam es nur, wenn er gemessenen Schrittes die irrgegangenen Bälle holte und mit einem grimmigen Seufzer in hohem Bogen ins Feld zurückstiess. Er schien sich zu langweilen, lehnte meist lässig am Torpfosten und redete mit einem der wenigen Zuschauer über alles Mögliche, nur nicht über Fussball, bis sich plötzlich aus einer Schlammlawine ein scharf getretener Weitschuss löste und ins entgegengesetzte tiefe Eck brauste. Der Torhüter hatte sich noch mit einem verzweifelten Sprung längelang in den Dreck geworfen, aber es war zu spät. Das sei ein Hechtsprung gewesen, und der beeindruckte mich tief, ich machte beim Völkerball ja auch Hechtsprünge, nur dass ich damit dem Ball auswich, indes es hier darum ging, sich ihm entgegenzuwerfen – eine problemlose Umstellung, wenn man nur bereit und fähig war, blitzschnell dem harten Boden entgegenzutauchen. Torhüter, das wolle ich einmal werden, sagte ich, doch mein Beschützer zerstörte diese Aussicht schonungslos: Unmöglich, einer mit Brille könne niemals Torhüter werden.

Was sollte ich denn nur werden? Mich hätte die Frage wenig bekümmert, wäre ich nicht ständig von den Erwachsenen gefragt worden, was ich «einmal» werden wolle. Wie konnte ich denn wissen, was es überhaupt zu werden gab? Mit dem Torhüter war also nichts, Bauer kam auch nicht in Frage, da hätte mein Vater ja einen Hof haben müssen. Schüler wollte ich werden, sobald wie möglich, aber das war kein Beruf. Lehrer hätte mir nicht schlecht gefallen, wäre da nur nicht der Schulkommissionspräsident gewesen. Mit so einem wollte ich nichts zu tun haben, niemals.

Zum Glück hatte ich einen Paten, genau den, der beim obligatorischen Schiessen immer den Kranz machte. Hierin wollte ich ihm zwar nicht nacheifern, die Knallerei beleidigte mein Ohr. Doch er war «Techniker» bei einer der wichtigsten Firmen in Bern, der Hasler AG, die sei sogar international. Keine Ahnung, was das sein sollte, Techniker, aber in der Stadt zu wohnen, schien mir erstrebenswert und «international» tönte auch gut. Somit war mein Problem gelöst. Kaum kam wieder die lästige Frage nach dem Berufswunsch, rief ich sogleich mit munterer Stimme «Techniker!», zur sichtlichen Befriedigung der Fragesteller. So schien dieses lebhafte Kind doch einer soliden Zukunft entgegenzugehen.

Der Witz ist nur, dass ich für alles, was auch nur im Entferntesten mit Technik zusammenhängt, hoffnungslos unbegabt bin, dass mich das keinen Deut interessierte. Ich habe nicht einmal wie normale Kinder mein Spielzeug auseinandergenommen, um zu schauen, wie es da drin funktioniere. Vergeblich versuche ich, mich genau zu erinnern, ob mir diese Tatsache damals schon bewusst war, ob ich also die Erwachsenen mit wohlangewandter List irreführte, im Klartext: analog, oder ob ich sie aus Unkenntnis und sprachlichem Unvermögen auf Distanz hielt.

Zaungast

Ein neuer Tag. Wenn nach Regenzeiten die Sonne schien, verpasste ich nie den morgendlichen Beginn des Unterrichts. Schon früh durfte ich in beiden Schulzimmern zu Gast sein, unter der Bedingung, dass ich mich vollkommen dem äusseren Rahmen anpasste und in keiner Weise störte. Ich setzte mich in das hinterste Pult, mein Pult, zog die graublauen Ärmelschoner an, verschränkte die Arme auf dem schrägen Deckel, reckte mich kerzengerade auf, den Kopf leicht zur geschlossenen Tür gewendet. Auf der Leiste lagen mein Lineal, der Federhalter, der Griffel und ein gespitzter Bleistift. Der Bleistift musste immer gespitzt sein und zwar von Hand, mit dem Taschenmesser, gleichmässig rund. Das war er bei mir, Mutter durfte ruhig kontrollieren und auch im Vorbeigehen, wie sie es zuweilen tat, meine gekreuzten Arme wegstreifen und den Deckel öffnen. Da drin war alles parat, wie man dem sagte: rechts die Schachtel mit den Farbstiften, daneben der Radiergummi. Der Gummi war ein Unding, eher sogar ein Nichtding, grundsätzlich sollte er nicht verwendet werden, bei gewissen Zeichenübungen vielleicht, jedenfalls bedurfte seine Anwendung der Genehmigung. Wer Tolggen machte oder sich verschrieb, musste ein neues Blatt nehmen und von vorn anfangen. Meist schrieb man ja auf die Schiefertafel, für die es auf der Seite einen hölzernen Halter gab. Links lagen, Kante auf Kante, meine Bilderbücher, der Grösse nach aufgeschichtet. Die Wurzelkinder, mein liebstes Buch, die Kreidolfbücher mit den aqua-

rellierten schwebenden, tanzenden, gleitenden Prinzessinnen und Elfen, ich liebte sie und auch wieder nicht, ihre Leichtigkeit war mir schwer erträglich. Zuoberst die Globibücher, die passten mir auch nicht recht, weil alles schon fertig gereimt und gezeichnet drin stand und man nichts dazudenken konnte. Vielleicht ertappte ich mich gerade deshalb dabei, dass ich doch darin blätterte und zum Trotz etwas dachte – das Gegenteil von der Bünzliwelt, die den Kindern da gebrauchsfertig vorgesetzt wurde. Weiter der «Lederstrumpf» mit den Einklebebildern der Steinfels-Seifen, «Bergblumen der Heimat» und die andern Silvabücher, die ich vergessen habe. Die «Turnachkinder» und die «Schweizer Heldensagen». Das Gesangbuch für die Unter- und Mittelstufe an Bernischen Primarschulen, als unbewillige Leihgabe der Schulmittelzentrale. Sogar ein Tintenfass besass ich, das Reservefass, das die Schulmittelzentrale jeder Schule zugestand; solange ich keine Tolggen machte, durfte ich es behalten.

Die Tür ging auf, und Mutter trat von der Küche her ein, steckengerade, so gerade würden wir nie laufen können. Beim ersten Pult drehte sie leicht den Kopf und sagte «Guten Tag miteinander». Nun ragte sie an ihrem Pult, eine schöne strenge Lehrerin, es fiel mir nicht schwer, sie in der Schulstube zu siezen, im Gegenteil. Den Lieben Gott duzte ich, sie nicht, auch wenn ich noch gar kein richtiger Schüler war. Mutter stand eine Weile schweigend, die Sonne fiel von hinten ins Zimmer und tauchte sie ins Licht. Kein Wimpernzucken, nur plötzlich eine Welle von den Füssen den Körper hinauf, sie öffnete die Lippen, wie wenn sie fotografiert würde, und dann überfiel uns ein Strom von Energie. Wie Furtwängler seine Philharmoniker riss sie uns ohne erkennbares Kommando in die Musik. «All Morgen ist ganz frisch und neu», so war es, genau so und nicht anders, ein Satz, an dem es nichts zu rütteln gab. Jetzt der trippelnde Anlauf «des Herren Gnad und grosse Treu» und dann das Abheben, der Segelflug «sie haaht kein Eend den langen Tag», Synkopen sage man dem, und das banale Zöpfchen «drauf jeder sich verlassen mag», das alles verdarb und die Freude abstürzen liess. Ich duckte mich und gewann durch die Hintertür das Freie.

Vaters Schulanfängen ging ich möglichst aus dem Weg. Ein faltiger Mann war er geworden, aschfahl und schlechter Laune, meist hatten sich die Eltern beim hastigen Frühstück schon gezankt, einmal schleuderte Vater eine volle Kaffeetasse in den Schüttstein, die braunen Flecken an den Wänden waren wochenlang nicht ganz wegzubringen. Er befahl den Oberschülern, die ihn stehend begrüssten, Haltung anzunehmen, und hielt eine Ansprache. Manchmal falle es schwer, anzufangen, das sei normal, ihm gehe es auch so, ihm ganz besonders, aber da gelte es halt, sich zusammenzureissen, gerade jetzt vor dem Schulexamen den inneren Schweinehund zu überwinden und sein Bestes zu geben. «Was grinsest du, Häni?», fragte er den langen Vierschrot in der hintersten Bank, seine Stimme zitterte ein wenig. Die Hänis waren reiche Bauern mit den ebensten Feldern, sie konnten alle Arbeiten mit den Pferden und Maschinen machen. Die meisten Präsidenten waren Hänis, sie stiegen unangefochten auf, zuerst in die Schulkommission, dann in den Gemeinde-, vielleicht sogar in den Grossrat, und einer sei bei einem Haar Regierungsrat geworden. Aber der da hinten hatte die Aufnahmeprüfung in die Sekundarschule nicht geschafft. Von hier oben wollte selten jemand in die Sekundarschule, man brauchte die Kinder auf dem Hof, jetzt besonders, wo Krieg drohte und schon das halbe Mannenvolk an der

Grenze stand. Und jetzt, wo nun doch einer in die Sekundarschule wollte, fiel er durch, obwohl die Mutter, manchmal sogar unterstützt oder weggedrängt vom Vater, ihn in unzähligen unbezahlten Nachhilfestunden vorbereitet hatte. Da sehe man, soll der Schulkommissionspräsident gesagt haben, da sei einfach etwas nicht in Ordnung, die Frau gebe sich sicher alle Mühe, aber das nütze offenbar nichts, kein Wunder bei diesem Mann, da müsse jetzt etwas gehen. Der junge Häni wusste, warum Vater sie so anstachelte vor dem Examen. «Dem ist aufgezogen», sagte er in der Pause hinter dem Schulhaus. «Dem ist aufgezogen» war ein Schlüsselwort im Tal, ein Menetekel, das urplötzlich schattenhaft ungreifbar aus der Volksseele aufdampfte und drohend über dem Haupt einer Person hängen blieb.

Was das sein mochte, ein Schweinehund? Vielleicht so etwas wie ein Maulesel, eine Kreuzung, wie die Bauern sagten. Die Maultiere könnten sich nicht fortpflanzen, man müsse sie jedes Mal neu kreuzen, behauptete der Vater. («Was geht das den Kleinen an, ob die sich fortpflanzen können», giftelte die Mutter.) Ich fragte nach der Schule den Vater, was ein Schweinehund sei. «Abah, das verstehst du nicht, das ist eine Metapher.»

«Was ist eine Metapher?»

«Frag doch nicht Sachen, die du nicht verstehst, eine Metapher ist, wenn man etwas sagt und etwas anderes meint, basta!»

«Kann man dann nicht einfach sagen, was man meint?»

«Eben nicht! Eben nicht!», schrie der Vater, «nie kann man sagen, was man meint, und wenn man es könnte, dürfte man nicht.»

«Warum nicht?»

«Frag doch nicht so saublöd, das verstehst du nicht!»

Da überkam mich der Jähzorn, der mir mein Leben lang so viel zu schaffen machte, eine Welle von Wut überschwemmte mich, ein Schmerz wie von hunderttausend Waldklammern und ein Schlag wie von zehn elektrischen Drähten. «Doch, das verstehe ich, wenn man es mir erklärt!», schrie ich und sprang auf mein Taburett, war fast auf Augenhöhe mit dem Vater. «Warum willst du mir nie etwas erklären? Warum?» Vater wurde bleich, da wuchs etwas wie dieser Häni, aber den da mochte er («man mag einen» hiess nicht, man finde ihn sympathisch, sondern man sei ihm körperlich überlegen). Wehret den Anfängen, die Ohrfeige kam ohne sichtbaren Ansatz. Vater schlug selten, seine Schläge waren nicht Erziehungsmittel, sondern Notwehr. Ich fiel vom Taburett, taumelte in die Ecke, aber es tat nicht weh, beim Klettern in den Wäldern und im Steinbruch hatte ich früh fallen gelernt. Vater wollte mich auf den Arm nehmen, ich schlüpfte in die Küche in Mutters Arme. Mutter lachte! Sie schüttelte sich vor Lachen, durch diese alten verzogenen Türen hatte sie jedes Wort verstanden. «Hör auf zu weinen, das ist doch nicht schlimm. Der Vater hat dir bloss gezeigt, was eine Metapher ist. Eine Ohrfeige ist eine Metapher!»

Vater war ein hervorragender Lehrer. Er sei viel zu gut für da oben, diese Tubel merkten ja nicht einmal, wie viel besser das hier sei als in anderen, vornehmeren Schulhäusern. Erst später begriff ich, dass er vollkommen recht hatte. Er hatte längst alles erfunden, was man Jahre danach in der «Schulpraxis» und in den Didaktikkursen als Errungenschaft anpries: das freie Schülergespräch, den Denkanstoss, den Gruppenunterricht, mit dem er das Gefälle zwischen seinen Fünft- bis Neuntklässlern pädagogisch nutzbar machte, die Einheit von Theorie und Praxis, von

Forschung und Lehre dürfte man ruhig sagen, die Kunstpädagogik, das Lustprinzip, das man erst viel später als Grundvoraussetzung alles Lernens begriffen hat. Aber das merke ja keine Sau, keuchte, weinte, kotzte Vater manchmal. Das merkte nicht nur keine Sau, schlimmer: Die Leute stiessen sich noch am äusseren Erscheinungsbild seiner Innovationen. In einem Schulzimmer hatte Ruhe und Ordnung zu herrschen, nur das gleichmässige Dozieren des Lehrers durfte nach aussen dringen, munter herausgerufene richtige Antworten der Schüler und natürlich frischfrommfröhlicher Gesang. Doch was hörte der Schulkommissionspräsident, wenn er zufällig mit dem Velo vorbeifuhr, auf einem Weg, der zu keinem seiner Felder führte? – Gemurmel, Gespräche, Stühlerücken, lautes Lachen, er sah Bewegung, Austausch, ungeregelte, ihm jedenfalls unverständliche Aktion. Einmal erwischte er sogar den Vater, wie er während der Stunde auf dem Bänklein an der Sonne sass und eine Zigarette rauchte. «Habt Ihr nicht Schule, Lehrer?», fragte er. «Die Schule hält sich selber, Herr Präsident», sagte der Vater fröhlich. Später hätte er dafür den Ehrendoktor bekommen wie sein Mentor Simon Gfeller, aber damals schrie die Mutter auf beim Abendessen, als er es erzählte: «Bist du wahnsinnig, Hügu (mein Vater hiess Hugo, genau Hugo Abraham), du bringst uns noch um die Stelle, jetzt, bei diesem Lehrerüberfluss!» – «Das musst du mir doch nicht sagen, Martha. Ich weiss schon, was ich mache, aber du hilfst diesen Vaganten noch, diesen Hitlerlumpenhunden, den verdammten. Du bist auch eine von denen, schlüpfst ihnen noch in den Hintern oder ins Nest, so weit kommts noch, kannst ja abfahren, oder scheiden, dann kannst du die Stelle behalten und den Buben auch grad.» Er lief davon, ich ihm nach, die Lampe seines Velos irrlichterte talwärts.

Doch wenn die Schneeglöcklein aus den Schneeresten brachen und es bald darauf über Nacht Frühling wurde, wenn das Gras grünte und die Massliebchen sprossen, die Weidenkätzchen sprangen und die Füchse und Hasen aus dem Gebüsch am Waldrand, wenn die ersten Saububen und -mädchen, die braunen, schon barfuss daherkamen, wenn es aus der Unterschule sang «Narzissen und die Tulipan, die ziehen sich viel schöner an als Salomonis Seide», da blieb Vater zu Hause, nervös und fahrig zwar, aber fast ohne Falten und schon ein wenig sonnengebräunt von der Gartenarbeit, zuweilen blinzelte hinter der Hornbrille der alte Schalk. Abends sass er am Schreibtisch und schrieb, ich sah von weitem, dass es Gedichte waren, oder er lud Mutter nach Langnau ins Kino ein, sie hatten noch am nächsten Morgen rote Augen.

Schulexamen

Eines Tages wurde der Riemenboden gefegt, von Hand gewichst, bis er gesalbt war, wie in der Kirche gesalbt wurde, es roch nach Harz und Drogerie. Die Türfallen wurden mit Sigolin geputzt, eine durchdringende Duftnote, die Fensterscheiben mit dem zusammengeknüllten «Anzeiger für das Amt Trachselwald» blankgerieben, die Pulte geleert, zum Brunnen geschleppt und mit dem Gartenschlauch abgespritzt. Vater kittete die gröbsten Schäden und beizte die reparierten Stellen. Die Buben wischten die Terrassen ums Haus, jäteten die abbröckelnden Ränder, der Garten war von den Eltern schon à jour gebracht worden, wie Vater sagte, alles umgestochen, die Ränder der Beete mit einer Richtschnur abgesteckt und mit der umgedrehten Hacke in eine Schrägkante gepresst wie eine technische Zeichnung, die Setzlinge lagen in schnurgeraden Reihen, und die in anderen Beeten eingesteckten gelben Samentüten zeigten an, dass unter dem feingerechten Boden neues Leben keimte. Zuletzt hatte man alle Weglein mit dem Rechen gesäubert und gekämmt, rückwärtsgehend, damit keine Fussspur das Bild verunstalte. Inzwischen schleppten die Mädchen singend, du hast recht gehört, Enkel, singend junges Grün, Buchen- und Lindenzweige herbei und bekränzten die Türpfosten und Bogen. Aus dem ehemaligen Stall wurde ein gewaltiger, in allen Fugen ächzender Tisch auf die Terrasse getragen, mit dem Holzhammer zurechtgeschlagen, mit Sperrholz unterstellt, damit er gerade stand, und mit dem violetten Wachstuch bedeckt. Das war das eigentliche Zentrum des Freudenfestes, der zivile Altar, hier würde der Talbäcker seine Herrlichkeiten aufstellen, die sonst für die meisten Schulkinder, auch für mich, in unerreichbarer Ferne lagen. Nicht einmal anschauen durfte man sie im Schaufenster unten im Dorf, hastig wurde man weitergerissen, man müsse jetzt auf den Zug.

Da kam schon der Bäcker mit dem Holzvergaser und lud duftende Körbe aus mit Schmelzchüechli, Linzer-, Schokolade- und Schwarzwäldertorte, Meitschibei, Cornets mit gelber Vanillefüllung, die unüberblickbare Vielfalt der Zwanzigerstückli, die so hiessen, weil sie zwanzig Rappen kosteten, Cremeschnitten (Eiterschnitten sagten die Oberschüler mit verschmierten Mäulern), fantastisch geformtes Zuckerzeug und Marzipan in glänzigen durchsichtigen Papieren, fast wie Kirchenfenster, und einmal, nur einmal, aber ich werde es nie vergessen, war da weisse Schokolade, Albinoschokolade, so weiss wie mein Kaninchen, nie hätte ich sie essen wollen, so sehr ich ihrer begehrte. Auch Zuckerzigaretten lagen auf. «Wisst Ihr nichts Gescheiteres?», sagte der Schulkommissionspräsident. «Soll ich sie verstecken?», fragte die Bäckersfrau. «Lasst sie nur», knurrte er, und bald liefen alle Oberschüler mit einer Zigarette im Mund herum. «Spass muss auch sein», meinte der Präsident. Auf einem separaten Tisch war für die Schulkommission Züpfe und Hamme aufgestellt worden, der weisse Wein wurde von hoch oben eingegossen und machte den Stern. Vater nahm auch davon, wenn er meinte, es sehe es niemand, aber die Mutter und der Präsident sahen es wohl.

Ich erzähle verkehrt herum, zuerst kam natürlich Wichtigeres. Auf langen Bänken sassen die Eltern, hie und da auch ein steinalter Grossätti oder eine ledige Gotte, vorn auf einer separaten blankpolierten Bank die Schulkommission. Die Mutter führte Kopfrechnen vor, dann an der Wandtafel Schönschreiben und Rechtschreibung kombiniert, das hatte sie sich extra ausgedacht, es gehört ja auch zusammen, aber der Schulkommissionspräsident fand, man mache besser eines nach dem andern, sonst gebe es ein Gestürm. Noch etwas Heimatkunde, das Buschwindröschen. Endlich das Aufsagen und Singen. «Ein' feste Burg ist unser Gott» kam zu zaghaft, da hatte der Präsident recht, frisch und verständlich hingegen die Frühlingslieder, am schönsten «Geh aus mein Herz und suche Freud», Mutter umjubelte es mit Blockflöte. «Habt Ihr nichts Vaterländisches?», fragte der Präsident. «Oh doch», sagte die Mutter, die darauf gefasst war, «was möchtet Ihr hören?» Da geriet der Präsident in Verlegenheit. «Singt einfach etwas!» «Von ferne sei herzlich gegrüsset» gelang wunderbar, hin und hergezogen, wie eine Handorgel, das Sempacherlied wackelte, wir hassten es alle, die Mutter am meisten, aber der Präsident hatte es bei anderer Gelegenheit als so richtig heldenmässig bezeichnet, wie es heutzutage Not tue, dafür sprudelte «Chum Bueb u lueg dis Ländli a» wie ein Bergbach aus lauter Gletschermilch. «Bravo», sagte der Präsident, «so ists recht, es geht nichts über ein bodenständiges Lied.» Noch ein Abendlied «Luegit vo Bärgen u Tal», breit und wehmütelig, da wurde manch leinenes Nastuch entfaltet. Pause und erste Runde beim Bäckertisch. Inzwischen stellten die Oberschüler im oberen Stock die Bänke in der gleichen Anordnung auf. Die Besucher putzten die Hände an den riesigen Taschentüchern ab und stiegen die steile Holztreppe hoch.

Vater stand federnd vorn. Wie jung er war, fast zu jung für einen Schulmeister. «Was wollen wir machen?», fragte er. Der Präsident runzelte die Stirn. «Geografie!», riefen alle, als gäbe es nichts inniger zu Wünschendes. «Warum nicht», sagte Vater, «wo gehen wir hin?» – «An den Genfersee!», rief eines. «Gut, Ueli, zeichne den Genfersee an die Tafel! – Wie heisst der Genfersee richtig?» – «Lac Léman», riefen ihrer drei, vier. «Genau, und wie redet man da?» – «Welsch!», schrien einige. «Genauer!» – «Französisch!» – «Richtig, könnt ihr Französisch?» – «Un peu», sagte eines. «Sehr gut. Sonst noch?» – «J'ai faim.» – «Très bien, tu vas trouver quelque chose là-bas, après. – Et toi, Fritz?» – «Que voulez-vous que je fasse?», sagte Fritz. «Bravo!», rief eine städtisch gekleidete Frau, wahrscheinlich eine Gotte. «Habt Ihr neuerdings Französisch?», fragte der Präsident. «Nur so nebenbei, die Sprache gehört auch zur Geografie. Und das Französisch zur Schweiz», sagte der Vater. Ich sass unter den Zuschauern neben der Mutter, sie zuckte zusammen.

Rechnen, Gleichungen mit ein und zwei Unbekannten. Der Präsident zog sich hinter eine staatsmännische Miene zurück, als könne er beurteilen, ob die Antworten richtig waren. Geometrie. «Hans, zeichne den Pythagoras an die Tafel!» Der Präsident starrte etwas befremdet auf das Gebilde. «Scheint in Ordnung», sagte er, «jetzt Sprache, ich meine Deutsch, nicht Welsch.» – «Ja», sagte Vater, «viele Leute sagen immer ‹sagen›. Gibt es da keine andern Wörter?» Die Finger fuhren hoch: «bemerken, schreien, rufen, flüstern, entgegnen, keuchen …» – «Keuchen?», fragte der Präsident. «Mach einen Satz damit», befahl der Vater dem Urheber dieses Vorschlags. «‹Ich kann nicht mehr›, keuchte der Flüchtling», es kam ohne Verzug. Der Präsident musste nachdenken. «Ja, meinetwegen, in dem Fall», sagte er, «ich glaube, wir könnten weitergehen.»

Nun standen alle Schüler feierlich auf. Aus Platzgründen mussten sie mühsam in ihren Pulten stehen. «Wer war

John Maynard?», schrien plötzlich die Knaben mit den gebrochenen Stimmen, so laut sie konnten. Pause, die Besucher hielten den Atem an. «John Maynard war unser Steuermann, aushielt er, bis er das Ufer gewann», flöteten die Mädchen, und nun flog die brennende Schwalbe über den Eriesee und wir alle flogen mit, krallten uns an die Bänke, die Frauen bissen in ihre Taschentücher, bis zum grossen Aufatmen am gewonnenen Ufer, prasselnder Beifall. «Wir sind hier nicht im Theater», sagte der Präsident, «Singen!» – «Bald prangt, den Morgen zu verkünden», und noch das Jägerlied aus dem «Freischütz», beachtlich, aber doch etwas an der Volksseele vorbei. Keine Sau merkte, welcher Aufwand dahinter steckte, dass die reiner sangen als der Chor im Berner Stadttheater, wir waren eben nicht im Theater. Jetzt der sichere Trumpf, der «Schlafwandel» von Gottfried Keller. «Im aa-fri-kaaa-nischen Fel-sen-taaal marschiertein Ba-tal-liooon ...» Mit offenen Mündern sassen alle da, selbst der Präsident, und auch er fuhr zusammen, als der Schuss fiel. «Ein Schuss!!!», das kam wie ein Kantenschlag, die S lagen so haargenau aufeinander wie die Linien im Technisch Zeichnen auf den Häuschen, und das U wurde von jedem in seiner tragendsten Stimmlage hinausgeschleudert, ein perfekter Cluster, Stockhausen hat es Jahrzehnte später nicht besser gemacht.

«UndschonstehtdieKarreeeschlagfertigundmunterund keinersahdesandernfreudundweh» kam wie aus der Kanone geschossen, auf einen Atem. «Wie Traum und Reu so weit!» war etwas verzogen, hätte trockener sein dürfen, dann hätte die Stille noch beklemmender nachgetönt, aber es verfehlte nicht seine Wirkung. Da war sonnenklar erschienen, dass keine andere Oberschule im Kanton Bern den «Schlafwandel» ergreifender gestalten konnte. Leider wollte Vater noch einen draufsetzen. Ganz leise, wunderbar eindringlich, wie aus der Tiefe ihrer Seelen setzten aus der Stille des heissen Wüstensandes die ungebrochenen Stimmen der Fünftklässler ein: «Dona nobis pacem», eine Spur, nur eine Spur lauter die Sechstklässler, dann die Achtklässler (Siebentklässler gab es keine) und zuletzt die Neuntklässler mit den orgelnden Bässen, Vater liess den Schlussakkord ewig aushalten, aber nicht wie bei seinen verunglückten Choralnachspielen, sondern weil er eine so flehentliche Intensität und Dichte aufgebaut hatte, dass sie gar nicht anders konnten als ausklingen, über den Rand des Ebnit hinaus bis zu den ewigen Schneefeldern und dem Wüstensand. Ganz belämmert stiegen die Leute die Treppe hinunter und verliefen sich bald. Nie seien so wenig Süssigkeiten gekauft worden, klagte die Bäckersfrau.

Vater machte sich an den Präsidenten heran: «Seid Ihr zufrieden?»

«Hm», sagte der Präsident, «was soll das eigentlich heissen ‹Dona nobis pacem›?».

«Gib uns Frieden.»

«Jetzt, wo die Wehrbereitschaft das Allerwichtigste ist!», rief der Präsident.

«Und sonst?», fragte Vater.

«Wir wollen schauen. Gutnacht», sagte der Präsident und stieg aufs Velo.

Kurz darauf fuhr auch der Vater zu Tal.

Geistige Landesverteidigung

Du hast die letzte Landesausstellung gerade verpasst, Enkel. Als sie die Tore schloss, kamst du. Ein guter Tausch. Die Landesausstellung war ein Blödsinn. Wenn das Cliché stimmt, dass die Kultur ein Seismograf ist, hätte man schon damals merken können, dass die Schweiz aus dem Leim zu gehen drohte. Von Nachhaltigkeit konnte keine Rede sein, nichts blieb haften als das, was die Natur beigetragen hatte, die Seenlandschaft: Bielersee, Neuenburgersee, Murtensee, die grünen Ufer, die Rebberge, der hohe Himmel über dem Jura, das Val de Travers, aus dem innert Minuten die Stürme auf den See schiessen. Dafür braucht es keine Landesausstellung, das Land stellt sich schon selber aus, wenn man hinschaut.

Ich habe seinerzeit die Landesausstellung gerade noch geschafft, die Landi von 1939. Wir sind nach Zürich gefahren, obwohl es das Budget der Eltern arg strapazierte, in der dritten Klasse. Aber hin musste man, alle mussten, das war geistige Landesverteidigung, Aufbau des Wehrwillens. «Seid Ihr schon gewesen?», fragte der Schulkommissionspräsident. «Noch nicht.» – «Es ist dann etwa Zeit, im Herbst machen sie zu», knurrte er, es war erst Juni.

Der Schifflibach, da konntest du einen sprudelnden Bach hinunterfahren, Enkel, ich sehe verschwommen schäumendes Wasser steil hinabbrausend, wie gesagt, ich verifiziere nichts und recherchiere nur in meinem Kopf.

Da klafft auch eine Erinnerung, die nie vernarbte. Meine Eltern zerrten mich vom Schifflibach weg, wie sonst vom Schaufenster der Bäckerei im Emmental, es gebe noch viel zu schauen, viel zu viel für einen einzigen Tag, aber ich haute ab, wollte zurück zum Schifflibach. Und plötzlich – diese Plötzlichkeit fuhr mir in die Knochen und verliess mich nie mehr – plötzlich wurde mir klar, dass ich allein war und weder den Schifflibach noch die Eltern je wiedersehen würde. Der Schifflibach reute mich noch fast mehr. Ich sehe – sehe sie manchmal noch im Traum – lauter hohe Beine, die Säume der Tailleurs über sinnlos hohen Absätzen (die Sinnlosigkeit war Teil des Erschreckens), Knickerbocker, Kniestrümpfe, derbes Uniformtuch, vaterländischer Gestank da unten. Stiftet so sich Identität? Zwar wurde ich wiedergefunden, ich weiss nicht wie, das Verlorengehen prägte sich ein, das Wiederfinden nicht, man habe mich am Lautsprecher ausgerufen, ein kleiner Bub mit kurzen Hosen und einem Enziankäpplein sei verloren gegangen. Und dann durfte ich auf die Schwebebahn. Ich verstand Bébébahn und war beleidigt, aber nachher sah ich den See hinauf die grünen Ufer, unbekannte, lockende Schneeberge, Mutter zeigte mir das Horn der «Turnachkinder im Sommer», aus denen sie mir jeden Abend vorlas. Ich war leicht enttäuscht, als ich es an meiner Vorstellung mass, aber etwas blieb mir, als Sehnsucht eingesenkt: das Aquarellblau, das etwas verwaschene Züricher Hellblau. Das wusste ich, obwohl ich nachher fast zwanzig Jahre lang nie mehr nach Zürich kam und der Thunersee mein See wurde, weil ich in Thun zum Augenarzt musste: Da, am Zürisee, wollte ich einmal leben, so weit wollte ich es bringen. «Schön ist, Mutter Natur, deiner Erfindung Pracht …»

Und dann wohnte ich hier, an der Goldküste. An Sonntagen weckte mich das Bewusstsein dieses Blaus, der Wunsch, es nicht zu verpassen, ein Sprung und ich riss das Fenster auf, mein Blick fuhr hinauf in die sanfte Senke des Albishangs. Am Gartenhag blühten Rosen, und neben dem Eingang mit den Türpfosten, wie bei meinem Grossvater, stand eine alte Eibe. «Eibe, liebe Eibe, 'sind alles dummi Cheibe», schrieb mir Ruth, meine geliebte Frau, einmal in einem ihrer so hilfreichen Trostbrieflein («Cheib» heisse «Keib», sagt der neue Duden, «schwäbisch und schweizerisch, mundartlich, für Aas, Lump, Kerl, ein grobes Schimpfwort» – das sind dumme Keiben, die das schreiben, es ist gerade kein grobes Schimpfwort, nicht einklagbar, ein Wort, das den entlastet, der es ausspricht, und dem keinen Schaden tut, den es trifft).

Jetzt lebe ich wieder in Bern. Das Blau ist anders und genauso schön. Und die dumme Cheibe sind überall genau gleich dumm.

Was ist Demokratie?

Wahlen, immer sind irgendwo Wahlen, ständig redet man über Wahlen, am Sonntag beim Weissen, dann werden die Stimmen lauter und gehässiger. Das sei Demokratie, sagt Mutter. Wenn sie, die sich viel besser informiert als alle andern, mitreden will, sagt der Grossvater: «Lass das, Martha, davon versteht das Wybervolk nichts!» Später, daheim beim Abendessen:

Ich: «Was sind das, Wahlen?»
Vater: «Ein verdammter Scheissdreck. Affentheater.»
Mutter: «Pas devant le petit. – Hör zu, bei uns darf man über alles abstimmen.»
Vater: «Über alles! Blödsinn. Über das, wos drauf ankommt, hat noch nie jemand abgestimmt ...»
Mutter: «Und überall darfst du wählen.»
Ich: «Über die Zwanzigerstückli nicht. Da darf ich nicht einmal hinein.»
Vater: «Der ist gescheiter, als ich meinte.»
Mutter: «Wählen, nicht auswählen. Wenn es irgendwo jemanden braucht, kann man Kandidaten aufstellen.»
Ich: «Wer stellt sie auf?»
Vater: «Gute Frage!»
Mutter: «Die Parteien.»
Ich: «Was ist das?»
Vater: «Scheissdreck ist das, verdammter. Die Bauern-, Gewerbe- und Bürgerpartei, sonst nichts, doch:

noch die Nazi und die Roten, alles Scheissdreck.»
Mutter: «In einer Partei sind alle Leute, die gleich denken.»
Vater: «Denken!!! – Die und denken!»
Mutter: «Aber jeder kann kandidieren, auch die Wilden.»
Ich: «Was sind Wilde?»
Mutter: «Leute, die zu keiner Partei gehören.»
Ich: «Bist du eine Wilde?»
Mutter: «Ich bin eine Frau, die haben nichts zu sagen. Das sind sowieso Wilde.»
Vater: «Sei doch froh, dass du mit diesem Scheissdreck nichts zu tun hast!»
Ich: «Bist du auch ein Wilder, Vater?»
Vater: «Eine Wildsau bin ich. Mich sollte man sowieso erschiessen ...»

Vor Gemeinderats- oder Grossratswahlen ging Vater tagelang nicht ins Wirtshaus. Er sass am Schreibtisch, hatte den Wahlzettel der Bauern-, Gewerbe- und Bürgerpartei vor sich und strich alle Hänis, strich weiter, bis auf zwei, drei Namen. Was sollte er jetzt tun? Die Sozi wollte er auch nicht wählen, wir gingen nicht einmal ins Konsum. «Da sind die Roten drin, da geht man nicht hinein», sagte die Mutter. Einmal spähte ich durch die Glastür, drinnen brannte eine einsame Funzel. Ich sah keine Roten, nur ein paar Büchsen und Schachteln und offene Teigwaren.

Vater zerknüllte den Wahlzettel und rief den Sekretär der BGB an, er habe den Zettel verloren, ob er noch einmal einen haben dürfe. Am Wahlsonntag trödelte er im Garten herum. Um halb Zwölf kam einer mit dem Velo, ganz verschwitzt, und rief in den Garten hinüber: «Hügu, du bist noch nicht stimmen gekommen!» «Keine Zeit», brummelte der Vater und riss einen Strauch aus, den schönsten, «du siehst ja, es könnte ein Gewitter kommen.» «Da kommt kein Gewitter, ausser du kommst nicht stimmen!» Der Bote fuhr mit dem Velo weiter bergauf. «Der Leuenberger ist offenbar auch nicht stimmen gegangen», sagte der Vater, holte den neuen Wahlzettel, befestigte die Hosenklammern und fuhr davon. Erst spät in der Nacht kam er zurück, ich erwachte darob.

Wehrbereitschaft

Kaum hiess es, es sei jetzt Krieg, rumpelte ein grüner verdreckter Kasten den Hohlweg herauf, ohne Holzvergaser. Ein Soldat lenkte das klapprige Vehikel, neben ihm mühte sich ein korpulenter Herr mit steifem Hut und Gamaschen, auszusteigen. Er war verärgert, dass Vater, der schon bereitstand, ihm nicht die Tür hielt. «So, da wären wir», sagte er grusslos, «zeigt mir die Keller.» – «Bitte kann man auch sagen», meinte der Vater. «Da gehts nicht ums Bitten, das ist eine Amtshandlung.» Vater schritt mit ihm ums Haus zu den beiden hinteren Kellern. Der Offizier prüfte den Naturboden und rüttelte an den Gestellen. Die taten keinen Wank, das war Vaters Handfertigkeit. Der Offizier grübelte umständlich das rote Armeemesser mit dem Schweizerkreuz aus dem Hosensack, murkste die grosse Klinge auf und rammte sie in die Wand, Fels mit Zement dazwischen. Die Klinge krümmte sich, er roch daran. «Trocken», sagte er, «prima.» – «Ja, die konnten noch mauern», sagte der Vater, «nicht wie Eure Bunker, die zu Staub zerfallen, noch bevor die Deutschen kommen.» Der Offizier lief rot an und schwitzte in seiner viel zu engen Uniform. «So, jetzt reichts aber, das ist Wehrkraftzersetzung, was Ihr da betreibt. Noch ein Wort und ich mache einen Rapport!» Vater erbleichte. «Welchen Keller nehmt Ihr?», fragte er devot. «Den linken – räumt und und putzt ihn, fegt das Gestell, und Spinnweben will ich keine sehen. Stellt noch eine Mausefalle hinein, wir kennen Fälle, wo eine einzige Maus das Ganze in die Luft jagte. Gibts da Marder?» – «Natürlich.» – «So bessert die Tür aus. Da darf kein Marder hineinkommen, in Eurem eigenen Interesse, versteht Ihr?» – «Ich verstehe», sagte der Vater, «wolltet Ihr nicht eine Panzertür machen?» – «Zu kompliziert, das hält sowieso nicht, und ausser uns weiss niemand, dass da Ware ist. Wenn Euch jemand fragt, sagt einfach, Ihr habt den Schlüssel verloren. Und sonst kein Wort, verstanden? Wer nicht schweigen kann, schadet der Heimat.»

Nach einer Woche kam ein ganzer Armeelastwagen, drei Soldaten mit umgehängten Gewehren und ein bewaffneter Korporal. Vater war schon zur Stelle. «Ausladen!», schrie der Korporal. «Zu Befehl!», schrien die Soldaten. «Ausrichten, nicht euch, ihr Tubel, die Ware!» In einer Reihe standen da schwere graugrüne Kisten in verschiedenen Grössen und ein paar plombierte aus Eisenblech mit einem Totenkopf darauf. «Die zuerst, Achtung! Wenn ihr die fallen lässt, fliegt die ganze Bude in die Luft!» Alle lachten, nur Vater nicht. Als die Munition in den Keller geschleppt war, öffnete der Korporal zwei Kisten und zählte persönlich die Handgranaten ab. «Je fünfzig Stück, einverstanden? Also unterschreibt da!» Er hielt dem Vater ein Formular unter die Nase. «Ihr seid der Einzige, der da Zutritt hat, Eure Frau nicht, der da nicht, und Fremde schon gar nicht. Die Mausefalle stellt Ihr persönlich. Und passt auf die Marder auf.» Er salutierte und weg waren sie.

Da sassen wir nun auf einem Pulverfass. Meist vergassen wir es, aber wenn die Gewitter stundenlang im Tal hängen blieben, wenn die Blitze auf allen Graten züngelten und in den Frittenbach krachten, dass die Vasen auf dem Buffet klirrten, holten mich meine Eltern aus dem Bett, zogen mich an und setzten mich zu sich an den Wohnzimmertisch. Das Licht war meist schon ausgegangen. Eine Kerze flackerte neben dem bereitgelegten Heimatschein, dem Familienbüchlein, dem Sparkassenheft und einem kleinen Tresor mit Mutters Brosche, dem silbernen Kettchen, den Goldvreneli und den Jubiläumstalern. Mutter las die «Brüder Karamasow» und war weit weg, Vater nahm auch ein Buch, schmökerte ein bisschen, fluchte, heutzutage könne kein Mensch mehr schreiben ausser dem Simon Gfeller, und der saufe auch mehr als er schreibe, das russische Gekotz da wolle er ganz sicher nicht lesen, da sei es kein Wunder, dass der Kommunismus aufgekommen sei. Er tigerte herum, präludierte am Klavier, nicht «Winterreise» natürlich, sonst hätte Mutter aufgeblickt und gesagt: «Auch das noch, Hügu.» Im Dunkel versuchte er, den langsamen Satz aus Haydns Reiter-Quartett zusammenzubringen, erfolglos, er trat vor die Tür, rauchte eine Zigarette, kam zurück und meldete, das Gewitter da unten verziehe sich gegen den Napf hinauf, aber das über Zollbrück stehe seit Stunden bockstill und über die Moosegg komme schon ein neues. Mit der Zeit nickten wir ein und fuhren bei jedem Donnerschlag hoch. Die Schläge krachten immer bedrohlicher, der Donner kam fast gleichzeitig mit dem Blitz, das ganze Schulhaus wackelte wie ein Pudding. Jetzt seien wir mittendrin, sagte der Vater, das höre überhaupt nie mehr auf, und die gottverfluchte Munition da im Keller unten, die nütze sowieso nichts, die Deutschen seien da, bevor ein Schuss abgegeben werde, besser wäre es, das Zeug flöge in die Luft und wir damit. «Tais-toi», flüsterte die Mutter, «c'est un secret.» – «Ja migottstüri», sagte der Vater, so sei es im Emmental, alle redeten über alles, und niemand dürfe nichts wissen. Welch ein Glück, wenn Blitz und Donner immer weiter auseinanderlagen, ein Zeichen, dass ein Gewitter sich entfernte, es wetterleuchtete nur noch talabwärts.

Manchmal ging das Wetterleuchten direkt in den Morgenschein über, die Eltern legten mich ins Kinderbett mit dem heiterblauen Vorhängelchen und den weissen Gitterstäben. Sie tranken Kaffee und warteten auf die wenigen Schüler. Die meisten kamen ohnehin nicht, sie mussten in den Höfen oben helfen, das flotschnasse, in sich verschlungene Gestrüpp lösen und schütteln, das verregnete Werkzeug trocknen, die abgefallenen Früchte zusammenlesen, während das Mannenvolk Abflusskanäle schaufelte.

Feuer!

Die Feuersbrünste, Enkel, die Feuersbrünste! Meine erste lodert nach wie vor in den basaltischen Grotten unterhalb des Erinnerns. Die Eltern waren weggefahren in ein Singlager irgendwo im Jura, wo Kantor Stier, der Wandervogel, Zupfgeigenhansel und zwischenzeitlich Vorsänger der Hitlerjugend, Schein, Scheidt und Schütz einübte. Ich schlief bei den Grosseltern unter dem Bild mit den Schafen. Eines Nachts erhob sich ein Tumult, Bewegung, Lärm. Ich erwachte und suchte barfuss im Nachthemd die Grossmutter. «In der Neumühle unten brennt die Mühle», sagte sie. Die Neumühle war dreihundert Meter entfernt, da sass ich oft bei den Enten am Feuerweiher oder schaute zu, wie der Müller die schweren Mehlsäcke auf die flachen Brügiwagen stemmte, weiss überpulvert wie der Clown im Zirkus Knie in Langnau. Ich verlangte, die Brunst zu sehen, Grossmutter weigerte sich, ich gab nicht nach, stampfte und erklärte, im Nachthemd hinausgehen und mir eine Lungenentzündung holen zu wollen. Da gab sie nach, wickelte mich in eine Wolldecke, stellte mich in ihre Pantoffeln und schob mich auf die hölzerne Laube. «Aber nicht erschrecken, nicht erschrecken», sagte sie, hielt mir die Hand vor die Augen. Ich riss die Hand weg – und erschrak fürchterlich. Der ganze Weiler schlingerte in einem flackernden Licht, wie man es aus Videoclips kennt, und auf dem breiten hohen Mühlendach stand ein glühender Kamm, fünf Meter hoch mindestens, eine Feuerfront, die der lächerliche Strahl aus dem einsamen Wendrohr der

Feuerwehr kaum erreichte. Ein Prasseln und Knattern erfüllte das Tal. Ich starrte in die Glut, sah etwas, was ich nicht glauben konnte, etwas von ausserhalb meiner Welt Hereinbrechendes. Am elften September erst habe ich dieses schreckliche Staunen wieder erlebt, dieses Ineinanderfallen von Abscheu und Bewunderung, als das Flugzeug lautlos in den zweiten Turm des World Trade Center fuhr.

Es brannte viel im Tal. Der Blitz entzündete das in Jahrhunderten zu Zunder getrocknete Holz der Bauernhäuser, «schlug ein», wie man dem sagte, und riss das Feuer wie durch einen Kamin hinauf, innert Sekunden stand ein Hof in Flammen. Von Brandstiftung wurde häufig gemunkelt, sie war hinterhältiger als der Blitz, mottete oft stundenlang vor sich hin, bevor sie ausbrach. Blutrache gab es kaum im Tal, Feuerrache schon. Und auch das «warme Abreissen»: Was im Weg stand, verbrannte, und die Versicherung musste erst noch zahlen, weil es kaum Spuren gab oder der Dorfpolizist sie nicht sah. Als irgendwo eine technisch veraltete Käserei abbrannte, hatte der Bauer am Abend vorher noch alles Gras ums Haus gemäht, damit die Feuerwehr und die Neugierigen es nicht vertrampelten, einmal muss man schliesslich mähen. Ständig war man auf himmlische oder irdische Brandstiftung gefasst: «Still, hör, ist es nicht das Feuerhorn? – Nein, es ist nichts, nur die Nachtbuben.» Nachtbuben hiessen sie damals. Sie waren überall und nirgends, niemand kannte sie, sie hatten keine Namen, Trolle, Gespenster, Geister, Dämonen oder blosse Scherzbolde. Dem Pfarrer im Trub hatten sie den Keller ausgeräumt und mit einem Reissnagel einen Zettel aus Häuschenpapier an die Tür geheftet: «Wer auf Gott vertraut, braucht kein Sauerkraut.» Immer wieder stiess dann doch das richtige Feuerhorn ins Bewusstsein, die Leute verstummten, horchten hin, bestätigten sich gegenseitig: «Es ist es! Fürio!» Der ferne Klang, schaurigschön. Das Mannenvolk zog die Überhosen an, setzte den Helm auf und stieg aufs Velo. Die Frauen lugten aus dem Estrichfenster, wo der rote Schein sich ausbreite, wo gelbgrauer Rauch aufsteige, dann liefen und fuhren sie ebenfalls hin.

Wer es verpasst hatte, beging die Brandstätte am folgenden Sonntag. Einmal radelten meine Eltern extra ins Eggiwil, wo es eine «Brunst» gegeben habe. Ich kannte und liebte den langen Weg ins Eggiwil auf meinem Sätteli zwischen Vaters Armen. Wir fuhren jedes Jahr hin, weil ein Kollege der Eltern ein Kirchenkonzert veranstaltete mit einem Orchester ad hoc. «Heisst das so, weil sie hocken?», fragte ich, nachdem wir im Kirchenschiff Platz genommen hatten. Der Vater schaute sich verlegen um, dabei war die Frage doch nicht halb so dumm, denn ausser dem Dirigenten hockten alle, und der verdeckte mir unnötigerweise die halbe Sicht. Neun Geigen hatte der Kollege im Chor der Kirche zusammengetrommelt, ein Cello, da sah ich zum ersten Mal ein Cello, eine Bassgeige, eine Querflöte und einen Oboisten, der die Lippen schmerzlich zusammenpresste. Hatte er Schmerzen oder hasste er die Musik? Sogar ein blau vervielfältigtes, wohlriechendes Programm gab es, geschmückt mit dem Kirchturm der Eggiwiler Kirche. Vivaldi, Corelli, Locatelli; Lübeck («Willkommen, süsser Bräutigam») und Buxtehude mit einem Sopran und einmal sogar Hans Studer. Sobald sie begannen, schloss Vater die Augen. Sein Körper bebte und zuckte im Puls der Musik. Ich schämte mich ein bisschen – warum konne er nicht einfach ad hoc dahocken wie alle andern? Manchmal hielt er sogar in den Pausen die Augen geschlossen, weil sie ganz rot waren, das sah ich schon. Mutter fand, die Einsätze seien sehr unsicher gekommen, kein Wunder, wenn der Dirigent sie nicht gebe, und falsch gespielt hätten sie auch. «Kümmere dich doch nicht um solche Äusserlichkeiten!», herrschte der Vater sie an, «immer musst du an allem herumnörgeln. Es geht um etwas anderes.» Worum, sagte er nicht. Der Buxtehude sei noch am besten herausgekommen, meinte die Mutter beim Heimfahren. «Putz die Fude!», rief der Vater, der sich wieder gefasst hatte, und trat kräftig in die Pedale.

Diesmal aber gings andächtig zur Brunst. Wie ein Leichenzug stieg eine sonntäglich angetane Menge bedächtig im Zickzack die Egg hinauf, wo der Hof gestanden hatte. Die strömten auch nicht aus blosser Neugierde, so einfach war's denn doch nicht, ein Begängnis wars, ein Akt der Solidarität wie ein Leichenzug. Natürlich sagte angesichts des geretteten Hausrats gelegentlich ein gotthelfsches Dürluft-Eisi: «Uh, schau einmal, was die für Sachen haben, derlei könnten wir uns dann schon nicht leisten», und es schwang sicher mit, dass da vielleicht ein Höherer für ausgleichende Gerechtigkeit gesorgt habe, aber im Ganzen herrschte Würde und Andacht. Der Hof war bis auf den Grund niedergebrannt, nur eine Mauer stand noch, mit einem fast unversehrten Küchenschrank davor und einem angesengten Kalender vom «Emmenthaler Blatt» mit dem Lago Maggiore. Vier Kühe seien verbrannt und alle Säue.

Katastrophe

Auf dem Turnplatz der Sekundarschule hatte ich einen Korbballmatch gesehen, Zollbrück gegen Oberburg. Das Resultat habe ich vergessen, nicht aber die Geschwindigkeit und Wucht der Körper in weissen Leibchen und richtigen Turnhosen, die Sprünge und die Würfe aus allen Positionen, den Aufschrei, wenn der Ball in den Korb sauste, das Raunen, wenn er auf dem Rand tänzelte und schliesslich schicksalshaft nach aussen oder nach innen fiel. Ich nervte meine Eltern so lange, bis sie auf eigene Kosten an der Wand des ehemaligen Saustalls einen richtigen Korb mit Netz befestigten, nur einen, damit niemand in Versuchung geriet, einen Wettkampf auszutragen. Mir genügte das bei weitem. Wenn keine Schüler da waren, veranstaltete ich meine eigenen Wettkämpfe, umdribbelte die weissen Gegner, spielte einen Pass zur Wand, fing den zurückprallenden Ball auf und versenkte ihn im Flug. Training sei im Sport das Wichtigste, hatte ein Onkel gesagt, also trainierte ich, schoss aus allen Distanzen und Lagen auf den Korb, sogar rückwärts und aus vollem Lauf.

So auch eines Sonntagmorgens. Ich hatte schlecht geschlafen und wirr geträumt, genau so, wie ich es viel viel später in Nikolaus Lenaus Gedicht «Traumgewalten» wiederfand:

> Doch waren sie da, die schlimmen Gäste,
> Sie waren da zum nächtlichen Feste.
> Ich schlief, mein Haus war preisgegeben,
> Sie führten darin ein wüstes Leben.
> Nun sind sie fort, die wilden Naturen;
> In diesen Thränen find ich die Spuren,
> Wie sie mir Alles zusammengerüttet,
> und über den Tisch den Wein geschüttet.

An der frischen Luft ging es bald besser, die güldne Sonne vertrieb die letzten Nachtgespenster. Die Eltern schienen noch zu schlafen. Auf einmal wurde die Tür aufgerissen, Mutter stürzte im Nachthemd mit aufgelösten Haaren heraus und lief schreiend die Treppe zum vorderen Keller hinab, kurz darauf kam Vater im Pijama, sah mich nicht, sah niemanden und nichts und fiel teilnahmslos auf die Bank auf der Terrasse. Mutter erklomm mühsam die Treppe, weinend, keifend, heulend, erst sah ich ihr wehendes Haar, die blossen Schultern, sie hatte leere Weinflaschen zusammengerafft und hielt sie, wie sie mich als kleines Kind gehalten hatte, zerschlug eine nach der andern auf der Terrasse, Vater staunte den Scherben verständnislos nach. Das wiederholte sich zweimal, ich hatte anfangs versucht, meine Würfe unbeirrt fortzusetzen, dann folgte ich dem Geschehen, so starr und bleich wie der Vater. Endlich riss ich mich los, rannte den Hohlweg hinunter, folgte dem Frittenbach, vorbei an dem Haus, wo man mein Kaninchen ermordet hatte, irrte durch den Emmenschachen; später strich ich um Grossvaters Haus, ohne einzutreten, schlenderte zurück zur Emme, in der Hoffnung, jemand würde mich sehen und rufen – und war auch wiederum froh, dass es nicht geschah. Ich wusste nur, dass ich wegwollte – doch wohin sollte ich wollen? Es kam gar nicht so selten vor, dass man sich erzählte, bei denen und jenen sei ein Kind «davongelaufen», genau wie ich es vorhatte, wohin nur waren sie gegangen? Nach ein paar Tagen hatte man sie doch gefunden, eines am Thunersee, eines «im Aargauischen», nur einer blieb verschollen, er sei tot, munkelte man, nein in Amerika, behauptete ein Oberschüler, in vielen Jahren werde er zurückkommen, als Millionär. Von alldem schien mir eigentlich nur das Totsein erstrebenswert, doch wie stellte man es an, tot zu sein? Eine wilde Wut fiel mich an, ich war da gefangen, nicht nur bei meinen Eltern, nicht nur im Emmental, nein, hier auf dieser Welt gab es kein Entrinnen. Ich setzte mich auf einen Baumstrunk und weinte bittere Tränen, wie im Märchen, nur dass keine Fee, keine Prinzessin kam und mich erlöste. Es gab eben gar keine Märchen, alles erfunden, schon eine Weile hatte ich es geahnt, jetzt war ich sicher. Die Oberschüler hatten recht, die ich so hasste, weil sie es immer schon hartnäckig beteuert hatten und darüber spotteten, wie über alles, die Musik, die Gedichte und über ihren Lehrer, der mein Vater war. Nicht einmal tot sein konnte man, wenn man wollte.

Gegen Abend trieb mich der Hunger zurück. Die Spuren des Unglücks waren weggeräumt, doch knirschte es unter meinen Schuhen. Am Montag warnten sich die Schüler in der Pause, es habe da Scherben, wer barfuss laufe, solle aufpassen. Am Dienstag fuhr der Schulkommissionspräsident zufällig vorbei, stieg aber schon bei der Gartenmauer ab und trug sein Vehikel über den Platz, wühlte mit den Schuhen prüfend auf dem Pflaster. «Sucht Ihr etwas?», fragte der Vater von der Laube herab. «Da ist offenbar etwas zerschlagen», rief der Präsident hinauf, «Ihr müsst besser aufpassen, Lehrer!»

Der fromme Grossvater

Vater hatte auch einen Vater, aber der starb, bevor sich meine Erinnerung verfestigte, kann sein, dass ich ihn einseitig zeichne. Vaters Mutter war schon in der Grauzone seiner eigenen Erinnerung gestorben, ihm blieben nur ein Schmerz und eine Sehnsucht. Ich habe seine goldenen Manschettenknöpfe mit ihrem Bild geerbt, die er bis zu seinem Tod im 89. Lebensjahr trug. Ein kluges Gesicht hatte seine richtige Mutter, das Güte und Schalk hinter Gottesfurcht verbarg. Auch mein Grossvater fürchtete Gott und bat von früh bis spat um seine Gnade, betete und dankte, dankte und betete, las die Heilige Schrift und legte sie sich und den Seinen aus, liess sie sich auch auslegen, vom Dorfpfarrer, den er am Sonntagmorgen beehrte, immerhin erlaubte die Evangelische Gesellschaft, der er samt der ganzen Sippschaft anhing, die Zugehörigkeit zur Landeskirche, auch wenn sie ihr misstraute und argwöhnte, sie habe die wahren Christen an den gottlosen Staat in Bern oben verraten. Eine geistliche Doppelbürgerschaft sozusagen. Der wirkliche sonntägliche Gottesdienst fing erst richtig an, wenn die Suppe auf dem langen festlichen Tisch vor Kind und Kindeskindern dampfte und allmählich erkaltete, weil Grossvater zu Häupten die Tischschublade öffnete, ihr ehrfürchtig die Heilige Schrift entnahm, sie feierlich aufschlug und in gehobenem Tonfall sorgsam gewählte «Verse» sprach. Warum nannte er sie Verse und nummerierte sie erst noch: «Vers drei bis sieben?» Das waren ja gar keine richtigen Gedichte. Sie langweilten mich. Micht dass ich etwas gegen die Bibel hatte, aber mir gefiel besser, wenn ich in der Unterschule beim Fach Biblische Geschichte dabei sein durfte und Mutter erzählte. Meine Andacht konzentrierte sich auf den hellblauen Suppentopf mit den aufgemalten Gänseblümchen und den Dampf, der für immer daraus entwich. Grossvater sah es wohl, unterbrach die fromme Handlung, blickte über seine goldenen Brillenränder vorn auf dem Nasenrücken und sagte mit besorgt tiefer Stimme: «Urs, das ist doch auch ein Zeug mit dir.» Das S zischte noch etwas mehr als sonst. Die Grossen schauten betreten, Vater wurde bleich, auf Mutters ebenmässige Wangen trat rosenfingrig die Schamröte. Nur ich blieb gelassen, ich war ja das erste männliche Glied meiner Generation und durfte vorläufig alles. Grossvater las zu Ende, liess die Stille wirken und rief wacker in sie hinein: «Vater, segne diese Speise, uns zur Kraft und dir zum Preise. Amen.» Und das liessen wir uns nicht zweimal sagen, schlugen zu und verzehrten, Gott zu gefallen, das reichliche Mahl. Wenn die Dessertcreme, aus echten Vanillestengeln gewonnen und mit gebranntem Kandiszucker versetzt, sorgfältig ausgelöffelt war – Ausschlecken missfiel Grossvater und somit dem Lieben Gott –, faltete Grossvater aufs Neue die Hände und rief: «Mein Gott, für Speis und Trank sag ich dir Lob und Dank! Amen.» Dann durfte ich hinaus in den Schachen zur Emme, die gleich hinter Grossvaters beinahe grossbürgerlichem Haus mit den vielen in feinster Sägearbeit verzierten Lauben und den in dezenten Blau- und Rottönen schimmernden Fenstern der Veranden träge dahintrieb, indes das Wybervolk wie beim andern Grossvater abwusch und die Männer, die Mannenvolk zu nennen sich niemand unterfangen hätte, sich in dem viel komfortableren Garten zwischen barocken Buchsreihen ergingen wie die Jünger in Gethsemane.

Um drei Uhr versammelte sich die Sippe aufs Neue und schritt in ernstem Zug zum nahe gelegenen Vereinshaus der Evangelischen Gesellschaft, die Männer lüfteten den Hut und sprachen noch im engen Gang, anders als in der Kirche, laut und vernehmlich ihre Gebete, bevor sie sich in die unbequemen Sitze zwängten. Eintrat der Evangelist im einfachen grauen Gewand mit schwarzer Fliege und viel zu kurzen Ärmeln, dankte den Gläubigen, dass sie in so ansehnlicher Zahl gekommen und bat den HERRN, unter uns zu treten. Die Gemeinde erhob sich zum Gebet, das Harmonium spielte ohne unnötig praeludierenden Zierrat den Anfangsakkord, und nun stiegen ohn' Unterlass holzschnittartig einstimmige Choräle, unterbrochen von erneuten Stehgebeten und demütig vernommenen Bibellesungen mit spärlicher Auslegung durch den von den Evangelischen aus eigener Tasche sparsam entlöhnten Evangelisten, ein gemessenes und wiederum rastloses Dienen, Danken, Loben und Bussetun in wohlabgewogenem Wechsel von Jenseitsfreude und diesseitiger Zerknischung. Der Gottesdienst gipfelte im Einsammeln der Kollekte, mit einiger Übung erkannte man am Ton jeden gespendeten Betrag. Ein paar Jahre später, ich greife vor, der Grossvater durfte es nicht mehr erleben, wurde ich dann gezwungen, die «Stunde» mit meinem Cellospiel samt lückenhafter Begleitung durch das Harmonium zu verschönern, dem Largo von Händel, dem Menuett von Lully, dem von Boccherini, Mozarts Ave verum und Schumanns «Von fernen Ländern und Menschen». Ich bin getrost, dass der HERR, den ich mir nicht anders als musikalisch vorzustellen vermag, mich seitdem in lebhafter und dankbarer Erinnerung behalten hat und mir nichts mangeln wird.

Mit noch grösserem Wohlwollen aber möge der HERR die Tante Ruth bei sich aufgenommen haben, die Kusine meines Vaters vom obern Stock, die ungebärdige Tochter meines Grossonkels, der im Geschäft die Buchhaltung besorgte. Man respektierte ihn kaum, duldete ihn nur der verwandtschaftlichen Bande wegen, denn es lag offen zutage, dass er nicht gewillt war, sein Leben uneingeschränkt in den Dienst des HERRN und des Geschäfts zu stellen. Spätestens um sechs verliess er werktags das Kontor, stieg nach oben, um zu lesen oder einfach auf der Laube durch das Sägewerk und die farbigen Scheiben die Emme ziehen und die Sonne niedersinken zu sehen. Er hatte nicht ein Klavier wie andere Leute, auch kein Harmonium, sondern einen schwarzen Flügel, «was meint der auch, ein Klavier hätte es längst getan». Wenn wir von der Bibelstunde heimkamen, wogte oben nie gehörter Klangrausch, so erschreckend schön wie der Feuerkamm auf der Mühle, tausendmal schöner als das ganze Ad-hoc-Orchester im Eggiwil. Tante Ruth spielte und sang: «Mache dich mein Herze rein, ich will Jesum selbst begraben.»

«Das kann sie, aber in die Stunde kommen kann sie nicht», tönte es aus der Gruppe der heimkehrenden wahren Gläubigen. «Ihr solltet sie sehen, wenn sie nach Bern ins Konzert geht, die Absätze sind sicher zwei Zentimer hoch, und die halben Waden sieht man. Es dünkt einen, sie male sich sogar an, wenn das nur gut herauskommt.» Ich trollte mich und schlich die Treppe hinauf. «Auch ich war ein Jüngling mit lockigem Haar», zwitscherte jetzt die Tante, ich glaube, sie machte es absichtlich, um die Frommen da unten zu necken. «Ich liebte den Frohsinn, den Tanz, den Gesang, ich küsste manch' Dirnlein mit rosiger Wang'», so etwas wurde unten ungern vernommen und erst noch von einer Frau, das wusste sie. Sie hatte ein rasches und freches Maulwerk. Ich kannte Vater nicht wieder, wenn die zwei zusammen palaverten, und die Spässe hin- und herflogen wie beim Tischtennis, direkt geschlagen oder mit Effet, und bei Vater reimte sich erst noch alles, was er sagte, aber dann kam bald die Mutter und mahnte, man müsse auf den Zug. Die Tante habe einen unguten Einfluss, ich solle aufpassen, sagte sie mir gelegentlich ohne erkennbaren Anlass. «Die ist dem Teufel ab dem Karren gefallen», konnte man da und dort zischen hören. Seit wann hatte der Teufel einen Karren?

Vaters Vater war untersetzt und hatte ein schmales graues Schnäuzlein. Wo er auftrat, erweckte er Respekt. Wenn er in der Gemeindeversammlung das Wort ergriff, so erzählte man, musste der Gemeinderat aufs Schlimmste gefasst sein. Grossvater liess keinen Firlefanz durchgehen, weltliche Schönrednerei weckte unverzüglich seinen Argwohn, er klopfte jedem auf die Finger. Er war, anderen Werten verpflichtet, in keiner Partei, hatte es auch nicht nötig, denn er führte in seinem Kleidergeschäft die eleganteste Ware weit und breit und erst noch die strablizierfähigste, mit «reellen Preisen», wie es im Schaufenster versprochen wurde. Grossvater war gerecht, tat Recht und scheute niemand ausser Gott. Wenn er irgendwo ein Wort einlegte, senkte sich die Schale dorthin, wo er es für richtig hielt.

Auf langen polierten Gestellen lagen im Laden die Tuchballen. Flink holte Grossvater sie herunter, strich das Tuch mit der Elle glatt, da war das Geschäft schon fast gemacht, dann mass er das Tuch mit der Elle und schnitt es mit einer riesigen Schere schnurgerade ab, als wären Häuschen darauf. Als seine Söhne noch nicht erwachsen waren, er hatte ihrer fast so viele wie Jakob, stieg er vor dem Frühstück in ihre Kammern und kontrollierte, ob die

Betten richtig gemacht seien, strich allfällige Falten glatt und hieb die Schuldigen nach einem genauen Tarif mit harten, aber leidenschaftslosen Schlägen auf den Hintern. Die muksten nicht auf, fanden es recht und billig, denn wer seinen Sohn liebet, züchtiget ihn. Vater hatte Pfarrer werden wollen oder Musiker, sein Vater lehnte beides ab, Pfarrer waren halbe Verräter am Glauben, faulenzten und prassten in ihren herrschaftlichen Pfarrhäusern, und Berufsmusiker war überhaupt kein Beruf, Gesindel und Tagediebe waren das, der Völlerei, der Hurerei gar unweigerlich anheimgegeben. «Nein, Hugo, das lasse ich nicht zu, dass du verkommst, aber ins Seminar darfst, ins Evangelische natürlich, auch wenn es viel kostet. Deine Brüder werden es dir neiden, wie die Brüder den verlorenen Sohn beniden, das nehme ich auf mich. Der Sekundarlehrer Appoloni hat mir schon mehrmals gesagt, du seist begabt, und sogar der Dr. Läderach. Wenn der das sagt, dann stimmts. Geh hin und Gott befohlen.»

Der Arzt hatte dem Grossvater geboten, regelmässig an der frischen Luft zu spazieren, da durfte ich mit, wenn ich bei ihm in den Ferien war. Regelmässig ging er mit mir auf die Passerelle über dem Bahnhof, dann sahen wir stumm dem Rangieren zu. Unter uns fuhr die EBT geradeaus der Emme entlang nach Langnau, rechts hinauf nach Thun, zum See mit den Dampfschiffen, wo man die Schneeberge schon fast vor der Nase hatte. «Ja, Urs, manchmal möchte man mitfahren, einfach weg, denn wir haben hier keine bleibende Stadt», sagte der Grossvater. Das kam mir bekannt vor, aber ich verstand es nicht. Da war ja gar keine Stadt, und was eine bleibende sein sollte, war mir auch unklar. Ich überwand meine Scheu vor ihm und fragte nach. Es stehe so in der Bibel, sagte der Grossvater, im Brief an die Hebräer, Kapitel 13, Vers 14, und es wolle heissen, dass man eines Tages von da wegmüsse, wo man sei, und an einen himmlischen Ort gerufen werde. Die Auskunft half mir nicht viel weiter, aber da es in der Bibel stand und der Grossvater es sagte, liess ich es auf sich beruhen.

Einige Wochen später sass ich beim anderen Grossvater auf dem Torpfosten. Mein Vater kam auf dem Velo angefahren, mit dem leeren Blick, den ich von vielen Gelegenheiten her kannte. «Der Vater ist gestorben», sagte er. Er weinte, aber mir schien, nicht stärker als im Kino oder im Konzert.

Die Bauern

Eigentlich hatte ich immer ein etwas schlechtes Gewissen, dass ich kein Bauernbub war. Ein Hof wäre ja da gewesen, aber eben ein zum Schulhaus heruntergekommener, drum herum bebaubares Land, das die Gemeinde verpachtete, eine Hofstatt war ebenfalls vorhanden. Schade, dass der Heuboden leer stand, es gehörte zu den wundersamsten Zeitvertreiben, in richtigen Bauernhäusern vom oberen Boden ins Heu zu springen. Die Welt war doch da, um beackert zu werden, der Boden wollte gepflügt und geeggt sein, das Gras gemäht, das Heu eingebracht, bevor es gewitterte, das Getreide – hier sagte man ihm «Gewächs» – geschnitten, die Kartoffeln gegraben. Es war so viel zu tun auf der Welt, da konnte es gar nicht zu viele Bauern geben. Die paar auf den steilen Höfen oben kamen ja nicht nach, sie schufteten Tag und Nacht, «schuften» nannte der Vater das Arbeiten, und wenn sie überhaupt alt wurden, liefen die meisten mit gekrümmtem Rücken herum, wie wenn sie am Boden etwas suchten. Wenn schwarze Wolkenwände drohend das Tal umschlossen, mussten alle helfen gehen, auch der Vater. Lesen konnte man nur im Verborgenen. Lesen war reine Drückebergerei. «Dem frage ich nichts nach», sagten die Bauern. In ihren niedrigen Stuben stand die ungelesene Konfirmationsbibel auf einem Tablar, daneben der «Hinkende Bote», bei einem Onkel, dem Kleinbauern, gab es merkwürdigerweise auch ein paar Jahrgänge des «Simplizissimus». Die besseren Bauern mit dem ebenen Land abonnierten das «Emmenthaler

Blatt». Natürlich musste man lesen, schreiben und rechnen können, aber das war ja keine Sache, dumm waren sie nicht, die lernten im Nu, wenn es nötig war. Schlau musste man sein, sich nicht hereinlegen lassen, so etwas lernte man nicht in der Schule, im Gegenteil, da wurde den Kindern noch der Kopf sturm gemacht, die Lehrer waren sowieso halbe Rote, auch wenn sie es nicht zugaben. Dafür brauchte es doch nicht all die Schulhäuser. Die Lehrer und Lehrerinnen meinten, sie seien etwas Besseres und vertraten kuriose Ideen, Frauenstimmrecht und noch Schlimmeres. Wozu das Fach Singen, wer wollte, konnte später immer noch dem Männerchor oder dem Frauen- und Töchterchor beitreten. Geografie! Was sollen wir mit dem Genfersee, wir gehen ja nicht nach Genf. Geschichte vielleicht, unsere Heldentaten, Tell und Winkelried vor allem, zur Stärkung der Wehrkraft, aber im Grunde könnte ja auch der Pfarrer am Sonntag von den Eidgenossen erzählen, wenn es ihn schon gab und man Kirchensteuer bezahlte, statt seiner Salbadereien. Pflanzenkunde machte man ohnehin besser auf dem Feld, es ging ja darum, die nützlichen Kräuter von den giftigen und vom Unkraut unterscheiden zu können. Das Vieh wollte gefüttert sein und gemolken, im Herbst gehütet und schliesslich gemetzget. Da bekam der Lehrer die Blut- und Leberwürste, der Jüngste brachte sie extra, das komme noch von Gotthelfs Zeiten, sagte die Mutter, wo die Lehrer nichts bekommen hätten als die Naturalien. Jetzt bekommen sie nicht einmal mehr die Naturalien, meinte der Vater, ausser den Blut- und Leberwürsten, die man kaum hinunterbringe.

Dabei war Vater ein Bauer, er stach die Gartenbeete um, mähte mit der Sense, schnurgerade wie auf Häuschenpapier, das konnten nicht einmal alle Bauern, wo hätten sie es auch lernen sollen, mit ihren steilen Matten, wo man sich fast anseilen musste zum Mähen, und die Hühner mit Steigeisen beschlug, damit sie nicht abstürzten. An den Rändern mähte Vater mit der Sichel, sogar das Getreide konnte der mit er Sichel mähen, einmal war einer vom «Bund» gekommen und hatte ihn fotografiert. Vater hatte extra ein halbes Jahr den «Bund» abonniert, «das verlogene Chäsblatt», aber die Fotografie erschien nie. Hoch stand das Getreide damals, das wirst du nicht mehr sehen, Enkel, jetzt ist es ganz niedrig, das sei rationeller. Man konnte sich darin verstecken, konnte sich in den Wirbeln, die der Wind hinterliess, für einen ganzen Sommer häuslich einrichten und ein paar Utensilien deponieren; es war verboten, das machte es noch gemütlicher. Und überall der wilde Mohn! «Es wallt das Korn weit in die Runde und wie ein Meer dehnt es sich aus ...», das war auch einer von Vaters Sprechchören, der mannigfaltige Interpretationsmöglichkeiten bot, lyrische, rhapsodische und dramatische, wenn die «Bursche jung und wacker» auftraten, um nächtens den gereiften Acker der Witwe oder Waise zu mähen. «Der Gottfried Keller, das war ein Dichter. Der einzige», sagte der Vater. «Und der Meyer!», rief die Mutter. Sie hatte eine zierliche Conrad-Ferdinand-Meyer-Gesamtausgabe in die Ehe gebracht, kleine schmale Bände, dunkelblau mit Goldschnitt. «Ein blendendes Spitzchen blickt über den Wald ...», liess sie schon von den Viertklässlern aufsagen, es tönte glockenhell, wenn die Kleinen – «lachen müsst ihr dazu, lachen», mahnte die Mutter – «Lass offen die Truhen! Komm lieber noch heut» zum Fenster hinausriefen, aber der Schulkommissionspräsident fand, das sei nicht das Richtige, da dürfe man sich nicht wundern, dass sie so viele schlechte Fleissnoten in die Zeugnisse eintragen müsse.

Bücher

Wir hatten eine lindengrüne Keller-Ausgabe, du kannst sie bei mir sehen, sie ist ziemlich zerlesen, und natürlich den Gotthelf, auch mit Goldrand, nur viel mehr und wuchtigere Bände, die Familienausgabe vom Rentsch-Verlag. Am meisten aber beeindruckte mich der Goethe, der endlos lange blaue Goethe, mit goldenen Titeln, alles in gothischer Schrift, die Anmerkungen waren länger als der Text. Theodor Storm hatte nur vier Bände, auch blau, aber robuster, die stahlgrauen «Brüder Karamasow» nur drei. Beeindruckend war auch der Rudolf von Tavel, eine auftrumpfende Bücherreihe in beigen Schutzhüllen. Der dickste Band «Ring i der Chetti» lag jahrelang auf dem Buffet, vielleicht auch zu Repräsentationszwecken für den Besuch, der Vater las darin höchstens während der langen Gewitter, aber da würden sie noch länger, sagte er. Simon Gfeller in bodenständigem Leinen, geradezu strapazierfähig, Vater kaufte jeden neuen Gfeller und zerlas ihn sofort, auch den dicken Briefwechsel mit Otto von Greyerz. Solche Gesprächspartner sollte man haben, meinte der Vater, da könnte man auch schreiben, aber hier oben verrecke man und könne nichts machen als saufen. Der Gfeller saufe ja auch, meinte die Mutter, alle saufen und du am meisten. Vater ging hinaus und schlug die Tür hinter sich zu.

Ich durfte nicht an den Bücherschrank, hatte ein eigenes Büchergestell, ein elegantes funktionales Möbel in freiem Bauhausstil, Vater hatte es selber geschreinert, gebeizt und lackiert. Da waren meine Globibücher, die Wurzelkinder und der Kreidolf, die im abgeschabten Tornister zwischen der Schulstube und meinem Zimmer hin- und herwanderten. Die «Turnachkinder» waren da, in denen ich nun jeden Tag las, um das heitere Blau des Zürisees zu sehen. Daneben «Heidi», aber dem fragte ich nichts nach. Einmal kamen richtige Berufsschauspieler nach Langnau, zu einer Schülervorstellung von «Heidi». Es war langweilig, nur der Alpöhi blieb mir, der in der unnatürlich hell erleuchteten Stube auf einer Stabelle sass und an einer krummen Pfeife sog. Hie und da nahm er sie aus dem Mund und sagte etwas mit einer ganz tiefen Stimme, so tief sprach sonst nur der Samichlaus. Vielleicht war das sogar der Heinrich Gretler, der berühmte mit der gewaltigen Nase. Dem Geissenpeter sah man an, dass er aus der Stadt kam. Der und ein Bauernbub! Vom Heidi nicht zu reden. «Bambi» las ich gern, zwar hatte es mit meinem Wald nichts zu tun und mit den Rehen auch nicht, die ich manchmal in den Lichtungen gegen den Wind anschlich. Und warum mussten Tiere reden? Aber spannend wars halt doch, und dann durfte ich zum ersten Mal ins Kino nach Langnau zum Bambifilm, von dem sie schon wochenlang zum Voraus redeten. Da wurde mir klar, dass das mit meinem Wald nichts zu tun zu haben brauchte, das war etwas ganz anderes, eine zapplige flimmernde Welt voll blechigem Lärm, Gerede und Gesinge aus scheppernden Lautsprechern, Schwälle einer breiigen klebrigen Musik, und immer lief etwas Anormales, «abnormal», wie wir sagten. «Kunst», nannte es der Vater. Solche Kunst machte einen sturm, man wusste nicht mehr, wo der Kopf stand, wäre gern weggelaufen und gleichzeitig näher daran, hinein sogar in diese Kunstwelt, die glänzte wie das gefärbte Seidenpapier beim Bäcker. Und die Farben! So sah doch nichts aus, höchstens die Ostereier. Das sei alles von Hand gezeichnet, meinte der Vater, Trickfilm, ein ganz berühmter Mann habe es in Amerika gezeichnet, in Hollywood, einer mit einem gewichsten Schnäuzchen. «Der Hitler?», fragte ich. «Der ist doch nicht in Amerika, du Löl», sagte der Vater. Aber beim Waldbrand hatte es dann doch etwas mit mir zu tun, mit all den Feuersbrünsten, die ich gesehen hatte, jetzt war ich mittendrin im Feuer und Bambi auch, es hatte so spitze Ohren und so verschreckte Augen, und wir konnten beide nicht mehr weg aus diesem Disneyland. Ich lief tagelang herum wie ausgesetzt, fand mich nicht mehr zurecht in dieser Welt, ass nicht, schlief nicht. «Dich nehmen wir nicht mehr mit ins Kino, sicher nicht. Andere Kinder würden sich die Finger schlecken, wenn sie ins Kino könnten.» Mich brachte man nicht mehr ins Kino, mit vier Pferden nicht. Von dieser Kunst hatte ich genug.

Kunst

Die Don Kosaken, das verdiente vielleicht den Namen «Kunst». Kaum waren die Felder abgeerntet, wurde eines davon mit Seilen abgesteckt und ein grosser Holzstoss errichtet wie am 1. August. Die Eltern zogen mir zum ersten Mal den Winterpullover über, stellten sich beim Tischchen an und zahlten die Einsfünzig Eintritt, für mich einen halben Franken. Alle waren da, nur die Allerärmsten standen auf dem Täntsch oben, den Verbauungen gegen das Hochwasser der Emme, und versuchten, etwas zu erhaschen. Und dann ein Gebrüll aus abgrundtiefen Kehlen, die Kosaken sprengten heran, «wie die Hunnen», sagte die Mutter, in schwarzen flatternden Blusen mit Puffärmeln. Pechschwarz die Haare, wie mit Schuhwichse bestrichen, ebenso schwarz die buschigen Schnäuze, Sagengestalten waren das von einer grimmigen dunklen Entschlossenheit. Rasend schwangen sie ihre Riemenpeitschen, man nenne sie Nagajka, sagte die Mutter, und vorn drin habe es Bleikugeln. Wusste sie das aus den «Brüdern Karamasow»? Die Menge stob auseinander, doch die Reiter legten sich samt den Pferden im letzten Augenblick ganz schräg in eine Kurve, berührten mit der linken Schulter fast den Boden, es war ein Wunder, dass sie nicht umfielen, aber etwas hielt sie, trieb sie im Kreis, ihre Schreie peitschten die Pferde. Sie richteten sich auf, die Pferde schnaubten durch die bebenden Nüstern, stiegen auf die Hinterbeine, galoppierten wieder davon, kehrten zurück, sah ich recht? – die Reiter standen in wehenden Pluderhosen freihändig auf den Pferden, ein Schrei, sie machten den Handstand, ein gellender Schrei, sie sprangen ab, rannten im Kreis so schnell wie die Pferde und sprangen in die Sättel, standen auf, sprengten in einer Linie davon und legten einander die Arme an die Schultern, preschten plötzlich von der Seite aus dem Dunkel, diesmal lautlos und setzten in langgezogenem Sprung übers Feuer, dann von beiden Seiten her aneinander vorbei, schwarze Scherenschnitte über der Glut. Aber das waren auch andere Pferde, gedrungene kleine Teufel waren das, brennend vor Ungeduld, Energiebündel, und doch bereit, auf das geringste Signal der Reiter, einen Pfiff, einen Ruf, auf den leisesten Druck blitzschnell zu reagieren. Andere Reiter waren diese Kosaken als die Herrenreiter mit den Zylindern und die Offiziere mit den steifen Hüten bei den Springkonkurrenzen in Langnau, die ihre Pferde am Zaum rissen und über die klobigen Hindernisse murksten, mit der Gerte auf die Hintern hieben und trotzdem meistens die harten Rundhözer polternd niederschlugen oder in den Wassergraben plumpsten. «Wenn die Russen einmal im Ernst kommen, dann überrennen die auch den Hitler», sagte der Vater, «und uns nehmen sie im Auslaufen.» – «Still, nicht so laut,» sagte die Mutter und schaute sich ängstlich um, aber der Schulkommissionspräsident war weit weg, er hatte einen nummerierten Sitz auf den zusammenklappbaren Festbänken.

«Was ist das, Kunst?», fragte ich den Vater, ich hatte einen günstigen Moment abgewartet, bis er wieder einmal mit mir wandern ging. Wir stapften den Wald hinauf, am Wasserreservoir vorbei, er schnaufte ein bisschen.

«Kunst, Kunst ... Hörst du nie zu, wenn ich das Schubert-Lied singe «Du holde Kunst, in wie viel grauen Stunden ...?»

«Schon, aber was sind graue Stunden?»

«Graue Stunden, das ist, wenn man nicht mehr ein und aus weiss.»

«Und dann erscheint die Kunst?»

Diesmal wurde der Vater nicht wütend. «Ich weiss es doch selber nicht.»

Noch nie hatte Vater gesagt, dass er etwas nicht wisse. Pötzlich blieb er stehen und deklamierte leise. Das machte er jedes Mal, wenn er in Verlegenheit geriet. Und immer hatte er gleich einen Dichterspruch zur Hand: «Wer nie die kummervollen Nächte auf seinem Bette weinend sass, der kennt euch nicht, ihr himmlischen Mächte.»

Das konnte ich mir vorstellen, die himmlischen Mächte waren in den Wolken oder darüber und spielten himmlische Musik. Und in den kummervollen Nächten kann man es plötzlich hören. Dann kommt die holde Kunst, wie der holde Mai, und es geht besser. Wir stiegen weiter den Waldweg hinauf. «Man sollte in der Stadt wohnen», sagte der Vater, mehr zu sich, «da kann man machen, was man will, und überall ist Kunst, im Kunstmuseum, im Stadttheater, in den Abonnementskonzerten und im Konservatorium. Dann könnte ich meine Stimme ausbilden und besser Orgel spielen lernen. In der ganzen Stadt sitzen Künstler herum, und du kannst mit ihnen reden.»

«Möchtest du Künstler sein?», fragte ich. Der Vater schwieg, ich spürte, es tat ihm weh, aber er nahm es mir nicht übel. Ich hatte auch kummervolle Nächte, wegen ihm, wenn er nicht heimkam, oder wenn das Schimpfen der Mutter mich weckte, aber die Musik der himmlischen Mächte hatte ich noch nie vernommen. Ich musste besser aufpassen.

Jetzt hatten wir den oberen Wald schon hinter uns und spazierten im Zickzack den Fuhrweg hinauf. Da war die

Hochfeldeiche. «Sie ist sicher 800 Jahre alt», sagte der Vater, «schau, wie oft der Blitz sie gespalten hat. Einer hat sie völlig entzwei geschlagen, drum hat sie zwei Stämme.»

«Sass da der Druide darunter, im Nachthemd, mit dem langen weissen Bart?»

«Welcher Druide?»

«Der vom ‹Rulaman›, den die Mutter am Samstag vorliest.»

«Ah der. Ja, die standen bei den Eichen und schauten ins Gewitter.»

«Und was machten sie?»

«Mit den Götzen reden und wahrsagen.»

«Und dann?»

«Dann schlug man sie tot.»

«Die, die das Eisen erfunden hatten, schlugen die Druiden tot, gell?»

«Ja, mit dem Eisen fing alles an.»

«Was fing an?»

«Das Unheil.»

Das war auch so ein Wort, das ich nicht verstand und fürchtete. Das Unheil. Jetzt schrien sie doch im Radio immer «Heil». «Sieg heil!» Und: «Heil mein Führer!» Oder: «Heil Hitler!» Dann stellte der Vater ab, und die Mutter sagte: «Lass das, man muss doch wissen, was die wollen.» – «Uns totschlagen wollen sie, das weiss man auch ohne Radio», sagte der Vater, und dann gab es Krach. Ich wollte besser nicht weiterfragen.

Hier oben war es weit und hell. «Wie auf dem Dach der Welt», sagte der Vater. Über Hügel und Wälder sah man bis zu den Schneebergen, die Täler und Krachen lagen tief im Schatten. «In wesenlosem Scheine», sagte der Vater.

Wesenlosem Scheine. Schon wieder so ein Wort. Der Bücherschrank war voll solcher Wörter. Deshalb durfte

man ihn wahrscheinlich nicht öffnen. Wenn man aufmachte, kollerten alle diese Wörter heraus und erschlügen einen. Jetzt fragte Vater ab, das war jedes Mal so, wenn wir eine Höhe erklettert hatten.
«Was ist das da?»
«Eigermönchjungfrau und rechts die Blüemlisalp.»
«Und links?»
«Wetterhornschreckhornfinsteraarhorn.»
«Und das?»
«Der Altels.»
«Und davor?»
«Die Schrattenfluh.»
Den Jura fragte er nie ab, dabei schaute ich viel lieber das Tal hinab zum Jura hinüber. Da gab es auch nichts abzufragen. Das war einfach dieser lange blauverschleierte Bergzug, von ganz links bis rechts unter dem Horizont.

Der Vater schraubte das Stativ auseinander. Er stand mit dem Rücken zum Jura und knipste den Knopf des Selbstauslösers, das Surren, kein Sprung, er war nicht mehr beweglich genug, aber es reichte trotzdem, bevor das Knacken kam. Wir blinzelten nachdenklich in den Abendschein. «Ihr zwei Philosophen», sagte die Mutter, als das Bild entwickelt war. Es wurde schon kühl. Von Frankreich herauf leuchtete ein goldener Glanz, wie bei den Theaterkulissen im «Heidi», am Schluss.

«Die beiden Grenadiere, das waren Franzosen, und die Don Kosaken hatten sie gefangen, gell?»
«So ungefähr.»
«Und wie entrannen sie denen?»
«Das nähme mich auch wunder.»
«Bei der Beresina, gell?»
«Vorher, da waren sie schon wochenlang durch die verschneite Steppe gelaufen. Die meisten sind erfroren.»

Vater hob seine Augen auf zu den Schneebergen. «Hinter jenen fernen Höhen wartet unser noch ein Glück», sang er. Wir horchten beide, wie die Worte in die Abendstille versanken. Zuversichtlich tönte es nicht. «D Franzose mit de rote Hose, mit de gälbe Finke, uh die schtinke», sang ich.

Die Schneeberge waren schon erloschen, man bekam kalt vom blossen Anschauen. Der Vater traf keine Anstalten, zurückzugehen. «Schön», sagte er, «oh Welt, du schöne Welt du.»

Ich erinnere mich nicht, wie wir zurückkamen.

Der Krieg

Du hast mich überholt, Enkel. Nein, wir sind aneinander vorbeigelaufen, du nach vorn, ich zurück. Du ins Unbekannte, das du dir mit unglaublicher Geschwindigkeit vertraut machst. Und schon hast du einen kleinen Bruder, der dir auf einem eigenen Weg dicht auf den Fersen ist. Der hat kürzlich etwas gesagt, was mich umwarf. Ich fragte ihn, ob er denn keinen Mittagsschlaf mehr mache, wohl in Erinnnerung an meine eigenen frühkindlichen Siesten, den so verhassten, nach deren tönender Stille ich mich doch lebenslang sehne. «Nein», sagte er entschieden, «ich muss arbeiten.» Das leuchtete mir ein, ich wusste ja, dass er in dem kleinen Wäldchen im Garten ein Haus baut, das er in seiner Fantasie schon fast fertiggestellt hat; die Details, auf die er zuweilen hinweist, sind überzeugend und in sich stimmig. Gleichzeitig arbeitet er aber auf dem real existierenden Boden mit Hacke und Schaufel an dem Fundament, es gibt offensichtlich keinen Gegensatz zwischen der Vorstellung und der materiellen Realisierung des einzigen Ganzen.

«Und in der Krippe? Macht ihr da einen Mittagsschlaf? Oder arbeitet ihr auch?»

«Da arbeiten wir auch.»

«Was arbeitet ihr denn da?»

«Bauen. Wir müssen bauen.»

Müssen! Die müssen doch noch nicht müssen!

«Was baut ihr denn?» – fast hätte ich angefügt: «um Gottes willen?»

Pause. Lange Pause.

«Eigentlich», sagte er schliesslich, «eigentlich bauen wir die Welt neu.»

Wo hatte er das her? Warum weiss er, dass die Welt unbedingt neu gebaut werden muss? Und «eigentlich» – wenn etwas ungewohnt ist im Kindermund, dann dieses Wort.

Meine Kinderwelt war irgendwie heil, trotz allem. Und dabei fiel rings um unser Land und immer näher an unseren Grenzen die Welt in Trümmer, starb man zu Millionen, wurden Millionen ermordet, verbrannt, vergast. Nicht dass ich einfach nichts davon mitbekam. Ich sah ja manchmal die braunen Fotografien in liegen gelassenen Zeitungen und «Illustrierten», hörte erschreckte Gespräche der Erwachsenen, bevor sie mich bemerkten und verstummten. Dass das plötzliche Verstummen die schlimmste aller Botschaften ist, begriff ich früh. Bei den Nachrichten am Radio kommandierte man mich spätestens seit Stalingrad ab zum Spielen. Vielleicht war es auch gar nicht wegen Stalingrad, sondern weil man mich ungefähr zu dieser Zeit für verständig zu betrachten begann. Soll mir einmal jemand erklären, warum man die Kinder ausgerechnet dann von den Informationen fernzuhalten beginnt, wenn sie sie verstehen könnten. Und dann waren noch die «Kriegskinder», die für einen Monat bei uns wohnten und sich satt assen, die Irma aus Hannmünden, schon fast eine junge Frau, der das blonde Haar in wilden Büscheln vom Kopf fiel, und der Wolf aus Stuttgart, der aussah wie ein Sohn des berühmten Feldmarschall Rommel. Die Mutter verschwieg mir nicht, dass sie »ausgebombt» waren und was das bedeutete. Später seien irrtümlicherweise Bomben auf die Thiersteinerallee in Basel gefallen, es habe sogar Tote gegeben, aber die dort wohnende Familie meines Onkels mit der Cousine, die mir einst vor den scheuenden

Pferden das Leben gerettet hatte, seien nicht betroffen worden. Das war es: Wir selber wurden immer gerade nicht direkt betroffen. Dafür sorgten die Bauern in Uniform, die ständig «einrücken» mussten und immer lebend, in bester weinseliger Laune auf Urlaub kamen, dafür sorgte wohl auch die Munition in unserem Keller, dafür sorgten, so sagte der Bundespräsident in der Neujahrsansprache, der wir im Familienverbund andächtig lauschten, unsere Entschlossenheit und Gottes Hilfe. War denn GOTT plötzlich parteiisch? Wo man uns doch eingepaukt hatte, dass er alle, wirklich alle gleichermassen liebe und behüte. Die Ausgebombten hatte er jedenfalls nicht behütet, aber das wagte ich nicht laut zu sagen, wer weiss, ob ER mich vor den handgreiflichen Konsequenzen behütet hätte.

War ich ein gutes Kind? – Ich erinnere mich nicht, einfach nicht, nichts in mir sagt mir, wer ich war. Das Schöne an meiner nicht allzu leichten Jugend bestand darin, dass ich mir innerhalb des damaligen Emmentals mit seinen festgefahrenen Moralvorstellungen und einer unerbittlichen Sozialkontrolle eine amoralische Existenz gestatten konnte. Ich Winzling war über weite Strecken Herr meiner selbst. Die Abgeschiedenheit des schulhäuslichen Waldwinkels beförderte meine Autonomie. Während der langen Ferien blieb ich ganz allein, und in der Schulzeit waren die Kinder beschäftigt, mussten nachher rasch nach Hause, um wieder zu helfen, selber ohnehin Einzelgänger und Eigenbrödler. Ein grosser Teil des Hauses gehörte mir allein, der Wald gehörte mir, der Frittenbach. Ich hatte paradiesischen Auslauf und genoss ihn, stand selten im Weg und machte mich höchstens beim Einnachten unangenehm bemerkbar, durch Löcher im Kopf und andere blutige oder blutunterlaufene Stellen oder durch Verheerungen an der doch so strapazierfähigen Kleidung, die schwerer wogen als die körperlichen Schäden. «Zerrissen» war ein Schlüsselwort, «kaputt machen» ein anderes. Ein guter Teil der kindlichen Aufmerksamkeit hatte darauf gerichtet zu sein, dass nichts zerrissen und nichts kaputt gemacht wurde. Da kam ich schlecht weg. Dafür störte ich nicht, das war immerhin etwas. Meine Untaten deckte weitgehend das Waldesdunkel, und das entsprach der Grundhaltung meiner Heimat aufs Erfreulichste: Wichtig war, dass kein Frevel, kein Unglück nach aussen drang. Selbst mir, dem neugierigen, und weitgehend unbemerkten Beobachter, blieb jahrelang verborgen, wie viel Elend, Lug und Trug sich hinter den geputzten Fassaden verbarg, wie viel Verschüttetes und Vergrabenes der Farbenzauber der Gärten deckte.

Gott und Teufel

Zwar war da noch der Liebe Gott. Der sah alles, das stand fest. Nie hatte ich den geringsten Verdacht, dass dem so nicht sein könnte, geschweige, dass er selber vielleicht nicht sein könnte. Ich wusste mittlerweile sogar, wie er aussah. Einmal, ich glaube nach einer langen Gewitternacht, war ein grosser Bildband auf dem Tisch liegen geblieben. Auf dem Umschlag sah man freilich nur einen Finger des Lieben Gottes, der gebieterisch einen andern Finger berührte. Das Bild war bleich, in unwirklichen, rissigen Farben gehalten, das gab ihm den Anschein von Authentizität. Und im Band, den ich zittrig durchwühlte, war ER nun leibhaftig zu sehen, wie er die Erwählten zu sich berief und die Verdammten hinabwies in feurigen Tumult, den ich nicht näher zu betrachten wagte. Später brachte ich durch geduldiges Nachfragen heraus, dass dieser Liebe Gott in Rom in der Sixtinischen Kapelle wese und richte, dass uns das aber eigentlich nichts angehe, da man dort katholisch sei. Doch es war zu spät, katholisch hin oder her, ich hatte IHN erblickt, den bleichen rissigen Gott, und wurde ihn nicht los – bis ich vor ein paar wenigen Jahren seine Ikone auf Augenhöhe erblickte.

Zwar hatte ich ihn als sogenannt Erwachsener schon vorher mehrmals vor Ort erblickt, aber von sehr weit unten, wie es sich gebührt, aus dem Dunkel der Sixtinischen Kapelle andächtig hinaufäugend, eingezwängt unter Pilgern aller Hautfarben und anderen Touristen. ER thronte weit oben in einer etwas verwaschenen Helle, nicht wirklich dingfest zu machen. Doch der Mangel an verbindlicher Deutlichkeit verstärkte nur seine Autorität.

Dann aber wurden gegen Ende des letzten Jahrhunderts die Bilder restauriert. Die «Japaner», wer immer das war, sollen die gewaltigen Kosten übernommen haben, wohl weniger aus denkmalpflegerischen oder spirituellen denn aus kommerziellen Gründen, wohl wissend, dass damit die Bildbände, Filme und Videos mit dem bleichen, rissigen Gott hinfällig wurden und sich ein aktualisierter Gott, über dessen Rechte sie nun verfügten, auf den Markt werfen liess. Ich hatte das Privileg, vor der pompösen Wiedereröffnung der Sistina an einem finsteren Wintertag auf die noch nicht abgebauten Gerüste in der Kapelle steigen zu dürfen, von denen aus die Restauratoren gewütet hatten. Mir wurde schwindlig, aber nicht wegen der freilich beträchtlichen Höhe, sondern weil ich meines Gottes plötzlich Aug in Auge gewahr wurde – und es war nicht mein Gott! Kannst du dir das vorstellen, Enkel? Es war ein fremder, etwas aufgeregter Herr (in kleinen Buchstaben), ohne Risse, und bunt, fast glarig wie die Schokoladebildchen in den Alben, die ich als Vorschulpflichtiger in meinem Schülerpult geborgen hatte. Nun erst war der Gott meiner Kindheit endgültig tot.

Und dann gabs da noch den Teufel. Von ihm hatte ich schon viele Bilder gesehen, auf Abbildungen der Teufelsbrücke etwa, und doch konnte ich mir kein rechtes Bild von ihm machen. Was da an Hörnern, Schwänzen und fiesen Mienen zu sehen war, stellte bestimmt nicht den Teufel dar, zu offensichtlich verriet sich die schiere Maskerade. Ich fragte die Mutter, ob das nun vielleicht eine Metapher sei, der Teufel, aber sie verwirrte mich, indem sie mir versicherte, den Teufel gebe es heutzutage mehr denn je, ich solle bloss an die Nazis denken und an die Kommunisten, und noch näher bei uns, rief sie zu Vaters Schreibtisch hinüber, gebe es manchen, in den der Teufel gefahren sei. Nicht nur das Aussehen, auch die Funktion des Teufels blieb mir rätselhaft. Offensichtlich war er der Gebieter über den feurigen Tumult, den man die Hölle nannte, aber es war ja der Liebe Gott, der die Menschen da hinabstürzen liess. Menschen dem Bösen zu überantworten, das er unter sich sah, das unter seinen Füssen züngelte – war das nicht die böseste aller Bosheiten? Ich kam nicht klar damit, Enkel. Ich werde dich nicht lehren können, was wirklich Gut und Böse ist. Nur eines wusste ich mit wachsender Gewissheit: Der Teufel hatte keinen Karren. Also konnte auch niemand von demselben gefallen sein.

Oft hörte ich, dass man mich ein «lebhaftes Kind» nannte, aber auch dieses «lebhaft» schillerte. Bald schien es mir eher einen Tadel zu bedeuten, bei Grossvater bestimmt, bald wiederum glaubte ich, darin Anerkennung vernehmen zu dürfen, auf jeden Fall vonseiten der Tante Ruth.

Advent

Bald ist wieder Weihnachten, Zeit des Lichts, Enkel. Euch zweien verdanke ich, dass ich wieder zurückfand zu der Weihnachtsfreude, die meine Kindheit erhellte. Die Geburtstage, der Osterhase, der 1. August mit den vielen Fackeln und Höhenfeuern, die Familienfeste, alles ist verblasst und mag in Frieden vergessen sein, aber ein Leben ohne Weihnachtzeiten möchte ich nicht gelebt haben. Natürlich kam dann auch bei mir die Entzauberung durch den ganzen Christkindflitter, den Kitsch, die Elektrifizierung, später die Digitalisierung der Krippe, der Engel, des Kometen, kurz: die Vereinnahmung von Weihnachten durch den Markt. Natürlich verstörte die Fadenscheinigkeit der weihnächtlichen Verlautbarungen von Politikern, Journalisten, ja selbst von Geistlichen. Natürlich nahm man wahr, wie das Vertrauen selbst der Frommen in die Weihnachtsbotschaft ins Wanken geriet. Und wenn es gelungen war, etwas von der naiven Ergriffenheit zu bewahren, durfte man es sich unter keinen Umständen anmerken lassen. Plötzlich wünschte man sich im Dezember bald augenzwinkernd, bald triefäugig: «Stehen Sie's gut durch», und war heilfroh, wenn der Rummel vorbei war. Nach dem 26. Dezember konnte einen ein einziges hängen gebliebenes Lamettafädchen in Raserei versetzen.

Und jetzt die Seligkeit, Enkel, die Jahr für Jahr neu aus euren Augen leuchtet. Das Glück der Weihnachtsfeiern in der Geborgenheit unseres Wohnzimmers, dessen jahrhundertealtes Holz im Kerzenglanz des hohen Weihnachtsbaumes wie aus diesem Zeitraum herauf magisch erglüht. Da gibt es nichts zu erklären, die Botschaft strahlt aus sich selber: Das Volk, das im Finstern wandelt, sieht ein grosses Licht.

Ihr müsst euch die dunkeln Nächte meiner Kinderzeit vorstellen. Vor kurzem erst war die Elektrizität in diese Seitentäler geführt worden; die hintersten Gehöfte der Schuldenbauern hatten noch keine. Der Wanderer – wir alle waren Wanderer, Velofahrer auch, aber das Gelände zwang vor allem zum Wandern – ging vorwiegend im Dunkel, dunkel blieb es in den dichten Wäldern, dunkel unter dem oft verhangenen Himmel. Die Batterien der Taschenlampen waren teuer, man brauchte sie ausschliesslich in unbekanntem oder unwegsamem Gelände. Aussenbeleuchtung kannte man nur an den Häusern der Wohlbestallteren im Tal vorn, wo sie nicht nötig gewesen wäre, in den Einzelhöfen brannte vielleicht eine Vierzigwattbirne, flackerte unter den tief herabhängenden Dächern, hinter den winzigen Fensterscheiben eine Kerze, meist auch das nicht, denn man ging mit den Hühnern zu Bett und erwachte, wenn es tagte. Licht war nicht einfach da, Licht erschien und verlöschte, jedes Licht war ein Hinweis, ein Zeichen, eine Erzählung, es teilte etwas mit, nicht immer nur Gutes. Richtig hell wurde es nur bei den Feuersbrünsten. Darum freute man sich über jeden sonnigen Tag und nutzte ihn vom ersten bis zum letzten Augenblick. Die Sonnenaufgänge, Enkel! Das Erglühen hinter den Wäldern, das Heraufbrechen des Lichts, sein Fluten die steilen Hänge herab. Da wurde jedes Mal die Welt erschaffen, frisch und neu. Es ist kein Zufall, dass Gotthelf die schönsten Sonnenaufgänge der Weltliteratur malte, wie sogar sein politischer Gegner Gottfried Keller bewundernd feststellte. Gotthelf beschreibe nicht, wie die Sonne aufgehe, bei ihm gehe sie auf!

In den beiden Schulzimmern brannten je zwei Vierzigerbirnen, eine über dem Lehrerpult, eine über der Klasse, das heisst, die brannten auch selten. «Dreh das Licht ab!» gehörte zu den gängigen Befehlen, auch zu Hause. Unnötiger Gebrauch von Licht war ebenso sündhaft wie das Vergeuden von Brot und das Zerreissen der Kleider. In unserer geräumigen Wohnung (wir verfügten ja über beide Lehrerwohnungen) gab es Licht in der Küche; im Wohnzimmer hing ein gedrechselter vierarmiger Leuchter, aber alle vier Birnen brannten nur, wenn Besuch da war, und wir hatten immer seltener Besuch. Ob es in den anderen Zimmern überhaupt Lampen gab, weiss ich nicht, in meiner Erinnerung sind sie nicht erleuchtet. Als meine Eltern einmal bei der Schulkommission vorstellig wurden und um etwas grösseren Lichtkomfort baten, meinte der Präsident, wer früh zu Bett gehe und dafür am Morgen beizeiten aufstehe und seine Sache mache, brauche kein Licht. Nur wer spät heimkomme, brauche Licht, und da helfe ihm manchmal nicht einmal das Licht. Ein paar Jahre später erloschen auch die wenigen Lichter, an den Fenstern wurden schwere schwarze Vorhänge oder Storen angebracht. Das war die Verdunkelung, als die Bombardemente auf die deutschen Städte begannen. Dann hörte man zuweilen jenseits des Jura ein Klangband, so breit und endlos ausufernd wie das Gebirge selbst. Wie die Orgel im Berner Münster tönte das. (Vater hatte mich einmal zu einer Abendmusik mitgenommen, zur Empörung der Bevölkerung, die jede Zugfahrt registrierte und nach ihrer Tunlichkeit beurteilte. Man schleppe doch nicht in der Nacht ein kleines Kind nach Bern, das schicke sich einfach nicht, für einen Lehrer schon gar nicht.) Das waren die über Frankreich einfliegenden Geschwader, deren unablässiges Dröhnen und Hämmern bei Westwind bis zu uns herüberschwang, ein schwerer, vibrierender, in sich bebender Orgelpunkt im Pedal, das hektische Flimmern der vorauseilenden Kampfflieger im Diskant, in das beim Rhein drüben das Staccato der Luftabwehr fuhr, und schliesslich, sich rasch entfernend, dumpfe, plumpe Einschläge.

Aber Klage über eine verdunkelte Jugend ist das nicht. Natürlich ging ich ungern durch einen finsteren Wald, und wenn es sein musste, pfiff ich aus Leibeskräften, aber eigentlich – eigentlich! – sehne ich mich insgeheim nach diesem Dunkel, nach dem abendlichen Eintauchen, dem Ausgeruhtsein der Augen. Nach den kleinen Lichtern, von denen jedes etwas bedeutet. Und nach der Finsternis, aus der es Weihnachten wurde.

Der Advent! An jedem Sonntag eine Kerze mehr – das war nicht bloss eine Metapher, nein: Die Welt wurde tatsächlich immer heller! Auch in der Kirche besteckte der Siegrist an der Weihnachtstanne vor jedem Gottesdienst weitere Sektoren mit Kerzen, und erst an Weihnachten versetzte er mithilfe einer langen Stange, an deren Spitze ein Flämmlein züngelte, den ganzen Baum bis zuoberst in vollen Glanz. Es dauerte jeweils lange, bis es so weit war. Das Balancieren der Stange gehörte bereits zu den Wonnen der Feier, atemlos verfolgte die Gemeinde die Versuche, das Flämmlein einer Kerze anzunähern, ein Seufzen ging, zumal auf der Frauenseite, durch die Reihen, wenn es wieder misslang, die Männer verfielen bei jedem Treffer in beifälliges Gemurmel.

Der Spannungsverläufe war kein Ende. Die Adventskalender zum Beispiel, die einfachen, die man selber aus dem «Leben und Glauben» ausschnitt oder aus der Beilage des »Emmenthaler Blatts« auf Halbkarton zusammenklebte, was den Nachteil hatte, dass das frühkindliche eidetische Gedächtnis alle Bildchen schon speicherte und das Überraschungsmoment entfiel, die luxuriösen aus der Papeterie in Langnau mit Kläusen in purpurnen Mänteln, Weihnachtskindlein mit Goldkörnern bestäubt und echtem silbernen Schnee, der die Fingerspitzen angenehm kitzelte, wenn man darüberfuhr, mit äugenden Bambis unter bestirnten Himmeln.

Die endlosen Zeremonien des Weihnachtsgebäcks. Das Trocknen, Einlegen, Kandieren der Früchte war schon im Herbst geschehen, nun galt es, die Aromen abzustimmen, exotische Duftnoten beizufügen; Nelken, Anis, Vanille, Kokos, Zimt, Muskat wurden aus fantastischen Gläsern gekramt, die in unserm spärlichen Licht schimmerten wie Geschmeide. Das Kneten, Walzen, Ausstechen, Modellieren, das Manipulieren am unzuverlässigen Backofen unseres hochbeinigen Therma-Kochherds, fast so unverständlich wie Vaters Verrichtungen in der Dunkelkammer, das Einkochen der diversen Süssstoffe, das Mischen, Schlagen und Rühren der Glasuren aus Eiern, Milch, Honig und Puderzucker, das Zertrümmern, Schälen, Mahlen all der Mandeln und Nüsse, das Bestreichen, Verzieren, Bestecken des heissen Backwerks, das langsame Erkalten draussen vor den Fenstern mit den Eisblumen, das Aufpassen und Vertreiben der Eichhörnchen und anderer Tiere des Waldes, die wir doch mit den betörenden Düften unserer weihnächtlichen Leckereien zur Krippe gelockt hatten. Dass wir sie verjagten, verjagen mussten, schien mir ebenso fragwürdig wie des Lieben Gottes richterliches Walten in der Sistina.

Die Geschenke gehörten eigentlich nicht zu den Spannungsbögen. Ihr werdet es nicht glauben, Enkel, doch ihr werdet es glauben. Ich wusste, was zu erwarten war: Kniestrümpfe, grössere Schuhe, noch strapazierfähigere Hosen, von den frommen Verwandten Geschichten, in denen lebhafte Kinder zum Heiland fanden, alles solid in dickes Papier verpackt, das man sorgfältig faltete und für die nächste Weihnacht aufbewahrte. Zwar war da im hintersten Winkel ein Hoffnungsfünklein auf eine Märklin-Eisenbahn oder einen Meccanokasten, aber beeinflussen konnte man das nicht, es hing ab von Launen und der aktuellen Lage der schmalen Haushaltkasse, die Mutter mit Rabattmarken und Sparschweinchen wundersam zu strecken wusste. Wenn es sich erfüllte, umso besser, enorm war die Freude, allein mit der Weihnachtsfreude hatte es wenig zu tun. Auch das Verschenken stellte keine Probleme, das Nötige hatte ich längst in Mutters Schulstube im Vorbeigehen mit Farbstiften gemalt und zusammengebastelt.

Unvergesslich hingegen das Auswählen und Fällen der Weihnachtsbäume im verschneiten Wald mit dem Vater. Das brauche ich nicht aus verschütteten Schichten meiner Erinnerung zu bergen, es gehört als paradiesischer Zustand zu der unverlierbaren Ausstattung, an der nicht allein das Gehirn beteiligt ist. Vater hatte nicht bloss die Erlaubnis, sondern den Auftrag, in einem bestimmten Waldbezirk zwei Bäume auszuwählen, einen kleinen für die Unterstufe, einen mannshohen für die Oberstufe. Letzterer durfte nach Anbruch der Winterferien dann auch privat verwendet werden. Der Schulkommissionspräsident soll zwar den Antrag gestellt haben, dem Lehrer eine Gebühr aufzuerlegen. Andere müssten ja auch selber einen Baum kaufen – oder stehlen, höhnte der Vater, als er es erfuhr. Aber da schienen dann doch wackere Männer das Ansinnen bachab geschickt zu haben.

Da nahm Vater sich Zeit, wir waren auch entsprechend ausgerüstet, mit den Bergschuhen, einem wollenen Hals-

tuch und Zipfelmützen. Handschuhe trugen höchstens die Baumfäller, auch die eher zum Schutz gegen Schürfungen, ansonsten waren Handschuhe etwas für Städter. Vorerst streunten wir wie ziellos im Wald herum, kreuzten oftmals die eigenen tiefen Spuren und nahmen lediglich Bestand auf. Vater hatte genaue, eigentlich unerfüllbare Anforderungen an einen Weihnachtsbaum. Für die Oberstufe schwebte ihm Weisstanne vor, schon das eine Seltenheit bei uns. Immerhin hatte er das Jahr über schon Ausschau gehalten und wusste, wo suchen. Aber es musste ein steckengerader Stamm sein mit streng symmetrischen Zweigen, wie technisch gezeichnet, die Äste sollten nahezu rechtwinklig in gleichmässigen Abständen abzweigen, ohne Lücken oder dünne Stellen, damit ein erhebender Anblick von allen Seiten gewährleistet sei. Es versteht sich, dass so ein Baum unauffindbar war, auf jedem neuen Umgang sahen wir uns gezwungen, die Ansprüche tiefer zu schrauben, bis der Vater ermattet vor einem ansehnlichen Baum stehen blieb, den er vorher als unzumutbar bezeichnet hatte, und sagte: «Also, in Gottes Namen», und in Gottes Namen wollten wir es ja auch tun. Aus seinem tiefen Mantelsack zog er den Fuchsschwanz hervor, den er, in den «Anzeiger für das Amt Trachselwald» gewickelt, mit sich trug. Ich musste den Baum festhalten, nicht ganz so einfach ohne Handschuhe mit klammen Fingern. «Nicht so schräg», rief der Vater, «Achtung, nicht dass du mir einen Ast abbrichst», aber diesmal wurde er nicht wirklich ungeduldig. Sorgfältig sägte er in tadellosem Schnitt die Weisstanne ab, stellte sie auf einen Baumstrunk und drehte sie vom Wipfel her um die eigene Achse. «So schlecht ist sie auch wieder nicht», sagte er. Das Rottännchen für die Unterstufe war schnell gefunden, von Rottannen konnte man nicht viel erwarten, es war ein struppiges Ding mit einer Honigseite, den Rest konnte man ja mit Silberfäden kaschieren. «Schön», sagte Vater, «das hätten wir.» So zufrieden hatte ich ihn schon lange nicht mehr gesehen. Zu Hause streiften wir am Scharreisen vor der hohen Schwelle den Schnee und den Dreck von den Schuhen. Vater polterte an die Tür. «Von drauss' vom Walde komm ich her, ich muss euch sagen, es weihnachtet sehr!», rief er.

Doch was war das alles gegen den stetigen behutsamen Aufbau eines Vorrats von Weihnachtsliedern. Jeder Morgen fing nun an mit festlichen Chorälen, im Fach Singen wurden Kanons und die kunstvollen, die jubelnden und geschwinden Engels- und Hirtenlieder mehrstimmig erarbeitet, in den Feierabend, der für die wenigsten Schüler einer war, entliessen uns die süssen, die holden Anbetungs- und Dankgesänge. Mein liebstes Lied dieser Sorte, das ich einmal wie verzaubert aus dem Radio vernommen hatte, «Maria durch ein' Dornwald ging», wurde trotz meines Flehens nie gesungen. Es sei katholisch, das könne man nicht singen. Aber es war auch so mehr als genug.

Die Weihnachtslieder

Ich habe von der Erhellung meiner Kindheit durch die Weihnacht erzählt und dabei übersehen, überhört, wie sehr diese eines war mit dem weihnächtlichen Erklingen. Fast bin ich zu sagen versucht: Die Geburt der Weihnacht aus dem Geiste der Musik.

Meine Kindheit war erfüllt von Musik: Vaters Klavierlied und Orgelspiel, die Konzerte und Abendmusiken in den Kirchen, zu denen ich auf dem Kindersättelchen hingefahren wurde. In den ersten Kinderjahren kamen an manchen Abenden Kolleginnen und Kollegen aus andern Schulhäusern zu uns und schleppten Flöten und Geigen an, für mich war Lehrer und Musikant ein und dasselbe. Die Mutter holte einen verschlissenen schwarzen Kasten vom Schrank und entnahm ihm ihre in grünen Samt gehüllte Geige, deren geheimnisvollen Innenraum eine Stradivari-Etikette zierte, und dann wurde bis tief in die Nacht musiziert, Vivaldi, Corelli, Telemann und, als seltene Höhepunkte, Bach. Vor allem aber vibrierte das resonanzreiche Holz der beiden musealen Schulzimmer unter täglichem Gesang, der auf Weihnachten zu wunderbar anschwoll.

Ein Lied trieb unbeirrt vom ersten Advent bis zum Baum durch alle Tage und alle Träume dieser gesegneten Zeit. Ein einfaches, einstimmiges Lied, das alle Bilder, alle Wörter in sich schloss, alles, so war ich überzeugt, was überhaupt in dieser Welt vorhanden ist. «Es kommt ein Schiff geladen» – schon dass es nicht ein gewöhnliches Schiff war, sondern «ein Schiff geladen», man sah, wie tief es sich in die Fluten senkte. «Bis an sein höchsten Bord» – jetzt schaute man aus der Wasserfläche das hohe Schiff hinauf, ein Schnitt, und man war mittendrin, im Schiff, im Geschehen, im Geheimnis: «trägt Gottes Sohn voll Gnaden, des Vaters ewig's Wort.» Das waren filmische Mittel, aber das wusste ich nicht, hätte es auch nicht wissen wollen. Jetzt schauten wir es wieder vom Ufer her: «Das Schiff geht still im Triebe», ein Zoom, «es trägt ein' teure Last», und dann eine rasende Kamerafahrt auf das Schiff zu, bis Betrachter und Betrachtetes in eines fielen: «das Segel ist die Liebe, der Heilig' Geist der Mast.» Dass es Worte von solcher Kostbarkeit geben konnte und eine Musik, die diese teure Last trug – versteht ihr jetzt, Enkel, warum ich mich mein Leben lang nicht entscheiden konnte zwischen der Musik und dem Wort, auch wenn man das in einer Epoche der Spezialisierung nicht durfte und auch nicht konnte? Auch Vater liebte dieses Lied, es setzte seine Seele in eine Bewegung, die er ersehnte und selten genug erfuhr. «Und wer dies' Kind mit Freuden umfangen, küssen will, muss vorher mit ihm leiden gross' Pein und Marter viel», da versagte jedes Mal seine sonore Stimme, und er machte sich verlegen am Baum zu schaffen.

Das Lied sei symbolisch zu verstehen, erklärte mir die Mutter. Ich nahm es zur Kenntnis, aber ich wusste, dass das nicht stimmte. Das Schiff bedeutete nicht etwas anderes, es war das andere. Ein Schiff ist ein Schiff ist ein Schiff. Das war mein Glaube, den würde mir niemand mehr nehmen, die Eltern nicht, der Pfarrer nicht, der Grossvater nicht und nicht der Evangelist mit der Fliege unter dem Kinn, basta. Es gab ein ähnliches, berühmteres Lied, das war symbolisch: «Es ist ein Ros' entsprungen». Auch das sang ich gern, aber mit verminderter Inbrunst, das war ein

Aneinanderreihen wunderschöner Vergleiche, deren Inhalte von den Reimen gesteuert wurden.

Sandor Vegh, mein verehrter Kammermusiklehrer, hat immer ganz verächtlich vor der «Schönspielerei» gewarnt, «Scheenspieläräi!», rief er in seinem ungarischen Akzent mit schmerzlich heruntergezogenen Lippen, wenn er den Eindruck hatte, wir kümmerten uns zu sehr um das äussere Klanggewand statt um den Inhalt einer Musik. So gibt es auch eine «Scheenschreibäräi», eine Schönmalerei, Schönrednerei, Schöntuerei – und an Weihnachten werden sie epidemisch.

«Kommet, ihr Hirten, ihr Männer und Frau'n ...» – ein Appell, der, wie zuweilen die Stimme meiner Mutter, unversehens in Zärtlichkeit umschlug: «kommet das liebliche Kindlein zu schaun.» Das hüpfende «Christus der Herr ist heute geboren, den Gott zum Heiland euch hat erkoren» tönte wie der Frauen- und Töchterchor am 1. August, wo die Frauen in gestärkter Tracht jungfräulich verschämt tänzelten und scharwenzelten, und das abschliessende «Fürchtet Euch nicht!» wie der Männerchor mit den aufgerissenen Mündern bei der gleichen Gelegenheit. Aber anmutig wars trotzdem; sogar die Blockflöte, die ich im Allgemeinen verabscheute, weil sie immer so falsch tönte, passte hier. Gewaltig das «Vom Himmel hoch, da komm ich her», da öffnete sich wahrhaftig der Himmel, ein Erzengel, ein Engel aus Erz, trat herfür, seine gute neue Mär senkte Zuversicht in mein Herz, eine flatterhafte Gabe, die mich doch nie völlig verlassen hat. «Tochter Zion, freue dich», das musste ein währschaftes breitbeiniges Trachtenmeitschi sein, die Tochter Zion, diese Vorstellung blieb mir erhalten, auch als ich ein paar

Jahre später Beethovens Cellovariationen darüber spielte. Hätte es doch für andere auch gegolten! Der Schulkommissionspräsident sagte, dieses Lied sollte dann in der Kirche besser nicht gesungen werden, das sei nicht opportun. Warum, fragte ich die Mutter, und was opportun heisse. Zuerst nähme sie wunder, wo der solche Fremdwörter herhabe, sagte die Mutter, auf seinem Mist sei das nicht gewachsen, das habe ihm wahrscheinlich ein hohes Tier von der BGB eingeblasen. Der Goebbels nenne das Sprachregelung. Opportun heisse etwa so viel wie «gegenwärtig nicht angebracht». Was denn nicht angebracht sei? Eben, von der Tochter Zion zu singen. Wieso nicht? Einfach so, das Wort bedeute nichts Ungutes, aber es habe mit den Juden zu tun, die der Hitler vertreiben wolle. Vertreiben, wohin? Das wisse sie auch nicht, sagte die Mutter, so unwirsch wie selten, ich mochte nicht weiterfragen. Ich merkte, dass niemand von den Juden reden wollte, nur beim sonntäglichen Weissen oder auch in des andern Grossvaters Garten fing ich ein paar Wortfetzen auf, das sei nicht in Ordnung, aber die Juden seien auch selber schuld, so ähnlich tönte es, doch niemand nahm den Faden auf, man wechselte das Thema.

Gefror'ne Tropfen

Nicht immer machte ich es mir in meinem Pult in Mutters Unterstufe bequem, selbst wenn die Wärme noch so angenehm auf der Haut prickelte. Warm war es übrigens auch nicht immer. Wenn die Bise den Luftzug aus dem Ofen in den Kamin zurückschlug, wenn Vater zu spät einheizte, nützte alles Blasen, alles Nachlegen von Spänen und Unterfüttern mit dem zerknüllten «Anzeiger für das Amt Trachselwald» nichts. Vater begann an solchen frostigen Morgen mit einer Ansprache, wir seien alle verwöhnt, früher habe man kein Licht gehabt und bei den ärmeren Leuten, zu denen wir alle gehörten, auch keine Öfen, und sei doch niemand gestorben, im Gegenteil, da hätten Geistesriesen – so sprach er: Geistesriesen – wie Bach und Goetheschiller unsterbliche Werke geschaffen. Mutter machte statt Singen Frühturnen neben den Bänken, das schien mir die bessere Methode. Die groben Scheiter brachte jeweils im Herbst ein Bauer, er kippte sie einfach auf den Turnplatz, rief den Pferden «Hüh!» zu und holperte weg. Die Schüler mussten sie dann vor der Wand an der Sonnseite unter Vaters Aufsicht gemäss den im Technisch Zeichnen gewonnenen ästhetischen Kriterien zu kunstvollen Beigen schichten, denn die Scheiterbeigen unterlagen der Sozialkontrolle so gut wie die Gärten. Für die Wohnung hatten wir einen einzigen Ofen, eine Höhle sozusagen, einen Walfischbauch, Enkel, der Reiswellen schluckte wie wir die Kartoffeln. Jetzt, in der Adventszeit, blieb uns auch diese äussere Wärme erhalten, denn Vater fuhr weniger zu Tal, ich weiss nicht, ob aus eigenem Antrieb oder der vereisten und verschneiten Wege halber, und so ging die Glut in den Öfen nie aus.

Und, das wollte ich sagen, auch die Wärme hielt mich nicht immer. Oft setzte ich mich draussen auf die Treppe, zog die Zipfelmütze über die Ohren und steckte die Hände in die Hosentaschen. Draussen lag der Schnee meterhoch, neue Flocken, Eiskörner fast, fielen unablässig und schwerelos durch die trockene Winterkälte auf die Felder, setzten den Zäunen und Telefonstangen Käppchen auf und beugten im Wald drüben die Äste. Ein wohliges Selbstmitleid umfing mich, ich war das kleine Mädchen mit den Schwefelhölzchen, wo ich doch um nichts in der Welt ein Mädchen hätte sein wollen, war der verlorene Sohn, ein verstossenes Kind war ich, das in den Weihnachtsgeschichten von Elisabeth Müller, die Mutter jetzt vorlas, am Heiligen Abend im allerletzten Augenblick doch in eine geheizte Stube zu einem Bäumlein fand. Mit der Zeit wurde es wärmer, der ganze Körper geriet in Aufregung, ähnlich wie später beim Schwimmen in der Aare, und dann brandeten Hitzewellen vom Kopf bis zu den Zehen und zurück. Aus beiden Schulzimmern ertönten Weihnachtslieder, hie und da sogar von oben und unten das gleiche, aber verschoben, dann zogen zwei Schiffe dahin, mit ungleicher Ladung und Geschwindigkeit freilich. Das von der Mutter gesteuerte Schiff war leichter und lag gut im Wind, Vaters Schiff war unüberhörbar geladen bis an den höchsten Bord, die teure Last senkte es tief in die Fluten. Eigentlich stellte ich mir einen Dreimaster vor, aber bei Vater war es eher ein Ruderschiff. «Manche freilich müssen drunten sterben, wo die schweren Ruder der Schiffe streifen ...», das zitierte er gern, zu seiner Seminarzeit war das die neueste Poesie gewesen, die den Jünglingen gleich Gespensterschiffen einfuhr.

Das war Glück: Draussen an der Kälte zu sein und warm zu haben, ausgesetzt, sich selber ausgrenzend, eine heimische Türfalle in Reichweite, verloren im unerbittlichen Walten der Natur, während drinnen auf dem Kochherd eine warme Suppe köchelte, die Mutter in der Pause schon vorbereitet hatte, die Schiffe zu hören, die aneinander vorbeizogen.

Warum fuhr ich nicht mit? Sollte ich vielleicht doch wegwollen, einfach hinaus in den Winter? Fremd wieder ausziehen, das wars doch. Und habe es nie wirklich gemacht. Binnenschiffahrt, gutschweizerische Binnenschiffahrt, das betrieb ich, Enkel. Gross Pein und Marter viel habe ich nicht genug erfahren. Ich fürchte, es werde mir nie gegeben sein, «ewig's Leben zu erben, wie an ihm ist geschehn».

Weihnachtsfeier

All dieses Singen hatte ein Ziel, eine Mündung, das mit Gesängen vollgeladene Schiff fand seinen Hafen am letzten Schultag des Jahres, in der Kirche auf der gegenüberliegenden Terrasse. Dorthin stapften die Schüler – damals nannte man alle Schüler, die Schülerinnen waren auch Schüler – von allen Seiten, herab von den Einzelhöfen in den Waldlichtungen, den Heimetli mit den tief herabhängenden Dächern an den steilen Borten, herauf aus den Krachen, in die den halben Winter durch kein Sonnenstrahl drang, ich vom Waldwinkel her, am Apfelbaum vorbei über den langgezogenen Fahrweg, ich hatte darauf bestanden, allein zu marschieren wie die richtigen Schüler. Unsere Spuren kamen aus der Weite des Raumes und liefen zusammen wie die der Hirten auf den Stall von Bethlehem zu, falls es in Bethlehem Schnee gab. Auf der vereisten Asphaltstrasse über das Emmenbrücklein hinüber zur anderen Talseite beschleunigten sich die Schritte wie von selber, man nahm Anlauf und glitt mit zusammengepressten Beinen über die glatten Stellen, die Oberschüler rannten die Kleineren um, die Mädchen hasteten in kreischenden Gruppen einher. Anders als der träge sonntägliche Kirchgang, anders als die Begängnisse zu Friedhöfen und Brandstätten war es ein biblisches Wundernehmen, ungeregelt breughelsches Dahinstreben, einander Necken und Drängen hin zur Krippe. Denn da war eine Krippe, vorn im Chor der Kirche stand sie am Altar, mit Stroh gefüllt, das Kindlein sah man nicht, wohl aber einen heiteren

Schein, der über die Kanten der Tannenbretter quoll. Maria war keine da, Maria war ja katholisch, aber den Siegrist konnte man wohl als Joseph verstehen, wie er mit der langen Stangen die obersten Kerzen der Weihnachtstanne zu entflammen trachtete. Die Wärme, die Fülle der Bilder und Lichter bremsten unsern Lauf, kaum eines wagte über die ausgetretene Schwelle zu steigen, bis uns die Oberschüler mit derben Stössen hinein in die Seligkeit bugsierten. Wir Kleinen stolperten zu den vordersten Bänken, die Oberschüler verdrückten sich in das Dunkel unter der Empore, die restlichen der langen Kerle nahmen oben neben der Orgel Platz. Vater liebte es gar nicht, wenn Leute die Empore erklommen, er brauchte das Abgehobensein und mutmasste, nicht immer zu Unrecht, die seien ja doch nur da, um ihn zu kontrollieren. Kaum ein Laut drang von diesen Menschenmassen nach vorn, vielleicht das unterdrückte Knurren eines Stimmbruchs, dafür wehte eine Wolke von einschläferndem Stallgeruch einher. «Disziplin» war kein Thema, sie musste nicht hergestellt werden, weil es um Disziplin nicht ging, zu gross waren das Staunen und die Erwartung. Oben intonierte Vater das Eingangsspiel, er nutzte die Gelegenheit, um vor zahlreicher, aber nicht sonderlich fachkundiger Hörerschaft ein Bach-Präludium auszuprobieren, das er im Neujahrgottesdienst zu spielen gedachte. Dann trat ungelenk ein untersetzter Mann zum Altar, suchte vergeblich in den weitläufigen Taschen seines braunen Sonntagsstaates nach den Notizen und entschloss sich zur freien Rede. Der Schulkommissionspräsident sei leider verhindert, er habe die Ehre, ihn zu vertreten, und möchte in dieser Eigenschaft alle Anwesenden recht herzlich begrüssen, insbesondere die Lehrerschaft, aber nicht minder die Schüler, die sich gemäss altem Brauch versammelt hätten zu feiertäglichem Gesang.

Die alten Bräuche müsse man pflegen und die Gemeinschaft auch, besonders heute, wo es mehr denn je gelte, zusammenzustehen. Auch das Singen stärke die Gemeinschaft, nach wie vor gälten die schönen alten Verse: «Wo man singt, da lass dich ruhig nieder, böse Menschen haben keine Lieder.» Er hielt inne, suchte nach einem weiteren Satz, fand ihn nicht und schloss: «He nun denn, so wollen wir anfangen.»

Fünf Schulhäuser waren hier versammelt, von der ersten bis zur neunten Klasse, eine Menge, die mich zugleich feierlich erhob und bedrückte. Alle hatten denselben «Weihnachts-Liederschatz» eingeübt, so lautete die Überschrift auf dem blauen vervielfältigten Blatt, das die Lehrkräfte gefaltet mit sich trugen. Gleich nach den Herbstferien hatten sie sich im «Sternen»-Säli getroffen und die Lieder nach kurzer Diskussion festgelegt, auch bestimmt, wer dann in der Kirche dirigieren solle. Den Anfang machte die Mutter. Wie schön sie aussah in ihrem engen tiefblauen Kostüm mit dem Silberkettchen und den spitzen Schuhen, die sie beim Herlaufen durch zottige Überschuhe geschützt hatte. Gern hätte sie auch noch ihre zierlichen schmalen Ohrringlein angezogen, aber der Vater fand, das sei jetzt wirklich nicht die Gelegenheit. Wann denn die Gelegenheit sei, hatte Mutter traurig gefragt, doch sie schickte sich drein, damit nicht im letzten Augenblick doch noch ein Krach losging.

Mit einer sanften Handbewegung hiess die Mutter sämtliche Unterschüler der Gemeinde aufstehen. Sie war sehr bleich, ich weiss nicht, ob die Stimmgabel nur vibrierte, weil Mutter sie mit anmutig raschem Schlag auf die Kante des wuchtigen Holzpultes in Schwingung versetzt hatte, oder ob die Hand zitterte, die sie an die schwarze Schnecke neben ihrem rechten Ohr hob. Doch der Auftakt kam wie immer unmissverständlich aus dem ganzen Körper, nicht eines der Kinder verfehlte das Tempo.

Der Auftakt, Enkel! – Wenn der schlampig oder tranig daherkommt, was auf mangelnde Vorstellung oder flaues Temperament zurückzuführen ist, nützt alles Fuchteln, Winken und Schwitzen nichts. Stehen Bewegung, Gestalt, Tonus einer Musik nicht vom ersten Augenblick an fest, lohnt es sich eigentlich gar nicht, weiterzufahren. Offensichtlich kann man den richtigen Auftakt nicht erlernen; namhafte Dirigenten beherrschen ihn ihr Leben lang nicht. Was den Auftakt anbelangt, war Mutter Weltklasse.

«O heilig' Kind, wir grüssen dich ...», der Sizilianenrhythmus stimmte, als läge das Emmental an der Lagune: Das Kirchenschiff wiegte und wogte, Mutter lud mit sanften Ermunterungen, die als Einsätze zu bezeichnen barbarisch wäre, neue Stimmen zum Mitfahren ein, eine Seligkeit ohnegleichen erfüllte den Raum. «Oh Heil dem Haus, in das du kehrst», das wurde wahr, wie gut tat es, von einem Heil zu wissen, das nichts zu tun hatte mit dem Gebrüll aus dem Radio, beglückt waren wir und hoch entzückt, genau das.

Und dann kam schon das Schiff geladen, fast etwas zu früh, denn auf das freute ich mich am meisten. Mutter führte es mit leichter Hand, eher mit dem biegsamen atmenden Körper, der vorausfuhr auf den Wellen, ich sang und sah meine Mutter zu Schiff, eine ganz andere Mutter als sie mir und Vater gegenüber war, und ich grämte mich nicht, dass sie jetzt nicht mir gehörte, und nicht so war, wenn sie mir gehörte, ich trieb im Glück, dass es sie so gab. Ich weiss nicht, was wir unter Mutters Obhut noch alles sangen, sicher «Ihr Kinderlein kommet», auch «Wie schön leuchtet der Morgenstern», mit so geheimisvollen Worten wie «Du Sohn Davids aus Jakobs Stamm, mein König und mein Bräutigam», das war nun sicher eine Metapher, da brauchte ich gar nicht zu fragen, und dann dieser selig leiernde Anlauf «Lieblich, freundlich, schön und herrlich, gross und ehrlich, reich an Gaben», der in das überwältigende «hoch und sehr prächtig erhaben» stieg. Natürlich auch «Stille Nacht», das musste sein, ich konnte es fast nicht ausstehen, überall hörte man es, die Oberschüler machten grobe eigene Reime darauf und lachten dreckig, ich hatte es schon beim andern Grossvater und im Gemeindehaus singen müssen, mich verletzte, wie die Leute es automatisch vor sich hinblökten, weil sie es auch schon hundertmal gesungen hatten, aber Mutter legte den Finger leicht an die Lippen und lächelte fast verschwörerisch, und da kam es pötzlich wie eine blaues Trugbild aus weiter Ferne.

Folgte ein Rüppelspiel, aus dem Tirol über die Innerschweiz auf uns gekommen. Sogar ich wusste, dass man dort katholisch ist, aber das Lied war in das Gesangbuch der Mittelstufen des Kantons Bern geraten und somit kanonisiert, vermutlich seines dramatischen Potenzials wegen, das denn auch prompt genutzt wurde. Ein kleiner stämmiger Kerl mit Bürstenschnitt stürmte nach vorn, ein junger Kollege, Sohn eines Schuldenbauers im hintersten Frittenbach, Hauptmann, aber diesmal ausnahmsweise nicht in Uniform, sondern in Manchesterhosen und einem Küherkittel. Auf Uniformen reagierte Vater im Allgemeinen wie Hunde auf den Briefträger, aber der da sei in Ordnung, ein Militärkopf zwar, aber der werde ohne Werweissen sein Blut fürs Vaterland dahingeben, wenn der Hitler komme, nicht so wie die andern Lumpenhunde mit den vielen Galons am Hut, die beim ersten Schuss mit ihren

Holzvergasern in die Alpen flüchteten. Der also stand einen Augenblick da wie ein Muneli am Viehmarkt in Langnau, und plötzlich schleuderte er seine Faust ins Kirchenschiff. «Wer klopfet an?», donnerte es unter und auf der Empore. Der Dirigent ging in die Knie und erzwang vorauseilend ein flehentliches Piano: «O zwei gar arme Leut'», tönte es in Terzen aus unseren Reihen. «Was wollt ihr denn?», die Empore knarrte und bebte. «O gebt uns Herberg heut' ...» Der Hauptmann hob gleichzeitig die flachen Hände und die Augen, unser Flehen geriet herzzerreissend: «O durch Gottes Lieb' wir bitten, öffnet uns doch eure Hütten!» Der Küher warf sich trotzig ins Kreuz und wieder flog die Faust: «O neinneinnein!» Der Haupmann senkte demütig die Lider: «Wir wollen dankbar sein.» Mutter hatte uns gelehrt, die untere Stimme der Terz etwas intensiver zu singen, das unterstrich das Bitten wunderbar, ging aber in der Masse der andern unter. Und nun ein Sprung des athletischen Kollegen, als wäre er in der Kampfbahn, aus luftiger Höhe schnellten beide Fäuste zur Empore, die Wirkung war ungeheuer: «Neinneinnein, es kann nicht sein, da geht nur fort, ihr kommt nicht rein!», das war mindestens neuer emmentalischer Rekord, schneller noch als das weisse Heranflattern im afrikanischen Felsental.

Anerkennendes Gemurmel, Scharren und Räuspern, der Vicepräsident gab dem Dirigenten sogar die Hand, was er bei Mutter nicht getan hatte. Es kann sein, dass er nicht dem Lehrer die Referenz erwies, sondern dem virtuellen Offiziershut auf seinem Haupt, kann auch sein, war sogar sehr wohl möglich, dass er die Performance des Draufgängers ehrlich höher einstufte als die Differerenzierungs- und Umsetzungskünste meiner Mutter.

Nun spielte Vater ein Pastorale, man hörte direkt das Hirtenfeuer knistern und die Schafe blöken, wir hatten es zusammen ausprobiert, mit Gedackt, Englisch Horn und Bourdon und einem weichen Sechzehnfuss, dann leitete er in absolut geglückter Improvisation über zu «Fröhlich soll mein Herze springen» und fand noch Zeit, für das «Hört, hört, wie mit vollen Chören alle Luft laute ruft» neue Register zu ziehen, Zymbel, Schalmey und Trompete, was bei der verklemmten hölzernen Traktur so einfach nicht war. Von hier gings, etwas weniger glatt, weiter nach a-Moll: «Ich steh an deiner Krippe hier», vor der dritten Strophe warf er das Plenum hinein:

> Ich lag in tiefer Todesnacht,
> du warest meine Sonne,
> die Sonne, die mir zugebracht
> Licht, Leben, Freud und Wonne.
> O Sonne, die das werte Licht
> des Glaubens in mir zugericht',
> wie schön sind deine Strahlen.

Hier verschwimmt mein Gedächtnis, Enkel, vielleicht sind mir schon vorher mehrere Jahrgänge dieser holdseligen Erinnerungen durcheinandergeraten. Fest steht, dass am Schluss jedes Mal «O du fröhliche» gesungen werden musste, der Schulkommissionspräsident wollte es so, ob er da war oder nicht. Er legte Wert darauf, dass immer auch «eins, das alle können» erklang, und meine Eltern tendierten eher zu Liedern, die noch nicht alle konnten, sie waren von der Überzeugung nicht abzubringen, dass nur das Beste gut genug sei und dass eines Tages alle Menschen dieses Besten teilhaftig sein würden.

Vielleicht war es ja gut so. Das «O du fröhliche» holte uns, ohne den Weihnachtszauber ganz zu brechen, in die Abgegriffenheit des Alltags zurück, das unerträglich Abgewetzte und Routinierte. Hätten wir sonst die Kraft gefunden, in die laue Feuchte hinauszutreten, der die Kälte inzwischen gewichen war, und auf den schlammig gewordenen Wegen zwischen bräunlichen Schneewällen nach Hause zu gehen?

Radio

Der Radio. Sorgt euch nicht, Enkel, ob man «der Radio» sagt oder «das Radio», es ist umstritten und wird sowieso immer falsch gebraucht, auch von Radiodirektoren. Ich meine, der Radio sei der Apparat, und das Radio das ganze Drum und Dran, aber man kann eben den Apparat auch für das Ganze nehmen, pars pro toto, das wäre im Latein zu lernen. In Deutschland sagt man ohnehin Rundfunk, obwohl es dort selten funkt und rund schon gar nicht.

Unser Radio war männlich, das steht fest. Ein Dreieck, fast so hoch wie ich damals, eine abgerundete Pyramide mit elegant geschwungenen Flanken, ein Philips aus Bakelit. Und nach Bakelit tönte er auch, er näselte, dafür hatte er mehr Obertöne als die blechig scheppernden Kisten in andern Haushalten. Man lobte allgemein den Ton, Vater hatte auch seine letzten Reserven hineingesteckt, weil er viel Musik hörte. So viel Musik war es auch nicht, denn da wurde beileibe nicht rund um die Uhr gesendet. Am Vormittag gab es zuerst einmal, dann zweimal die Woche Schulfunk. Die Eltern hatten extra die Schulfunkzeitung abonniert und vollzogen gewissenhaft die vorgeschlagenen Vor- und Nachbereitungen, nicht wie manche Kollegen, die den Apparat vor die Klasse stellten, um eine Lektion lang ungestört dösen zu können. Der Transport von der Wohnung in die Schulzimmer und zurück gestaltete sich schwierig, zumal im Winter, wenn die Terrasse und sogar die Treppe vereist waren. Vater hatte schüchtern angefragt, ob eventuell ein kleiner Beitrag an die Kosten möglich wäre, und in einem seiner seltenen Anflüge von Mut angefügt, das Ideal wäre natürlich, wenn die Schule einen eigenen Apparat besässe, wie es da und dort schon der Fall sei, aber da war er beim Schulkommissionspräsidenten an den Falschen geraten. Der Gotthelf habe auch keinen Radio gehabt, und überhaupt, was die in Bern oben, und noch schlimmer in Zürich und Basel in den Äther hinaus posaunten, das habe keine Gattung und mache nur das Volk sturm. Wenn der Vater zu faul sei, selber Schule zu halten, solle er es auch selber bezahlen. Mich langweilten diese Sendungen, schon wie da die Funkschulmeister Wort für Wort betonten und die Konsonanten einzeln behauchten und ausspuckten! Hielten die uns eigentlich für Trottel? Oder für taubstumm? Die Kinderstunden hingegen verpasste ich selten, da gab es ganze Geschichten und Märchen mit Wölfen und Rehen, Schneeweisschen und Rosenrot, Rotkäppchen und Grossmutter, Prinzen und Froschkönigen, Hänsel und Gretel und dem Geissenpeter, Tom Sawyer, Huckleberry Finn. Lederstrumpf erstand leibhaftig vor mir, in mir, die Schweizer Helden gewannen alle Schlachten zu allen Zeiten, ausgenommen Marignano, ja, und später noch gegen die Franzosen, aber darüber gab es keine Sendungen. Ich vernahm, wie Amundsen den Südpol erreichte (das war noch gar nicht lange her, Enkel, im Jahr, als mein Vater zur Welt kam), wie Edison die Glühlampe erfand und der Freiherr von Bouillon die Kraftbrühe, wie Mozart die kleine Nachtmusik komponierte und wie Potiphars Weib den Josef zu verführen trachtete, wozu wurde freilich nicht ganz klar. Die alle hörte ich höchst persönlich reden und machte mir ein Bild. Keine Gestalten, keine Geschichten habe ich je wieder so plastisch erlebt wie die aus dem Radio (doch, noch die Fussballspiele, die ich dank der Reportagen am Radio «gesehen» habe, aber das kam später, vorläufig blieb Fussball sogar am Radio verboten).

Das Wichtigste waren die Nachrichten. Die Mahlzeiten wurden so gelegt, dass man sich nach dem Essen frontal vor den Apparat setzte und lauschte, auch wenn der Inhalt immer beängstigender wurde. Nebenbei Radio hören war undenkbar. Der Radio war eine Autorität, er stand erhöht und beherrschte das ganze Zimmer. Der Zeiger stand auf «Beromünster», dem Schweizerischen Landessender. Nur diese Station kam ohne allzu störendes Knacken und Rauschen durch. Wenn Vater fort war, und er war viel fort, drehte Mutter verschwörerisch am Sucher, Musikfetzen trieben sinnlos einher und verkrochen sich sogleich wieder im Gerät, plötzlich begann der Apparat unter wuchtigen Schlägen zu dröhnen und zu tanzen. «Beethoven», sagte die Mutter. Dieser fragmentarische Beethoven überfuhr mich, später würde ich diese Radiotrümmer für mich zusammensetzen müssen. Ein andermal kollerten näselnde Läufe durch das mit Stoff bespannte Schalloch, flink hinauf und hinab, darunter verwirrende, mitreissende Rhythmen, anders als unsere bummernde Blasmusik, schräge Rhythmen, ausgelöst durch Schläge auf Holz und Metall. Schlagzeug, sagte die Mutter, dazu ein Ziehen, Schnaufen, Schnauben, ein Schlittschuhlaufen wie beim «sie hat kein' End den langen Tag». Synkopen, das sei Jazz, Negermusik, sagte die Mutter, es müsse ein englischer Sender sein, Hitler habe diese Musik verboten. Englisch drang immer häufiger durch, und da gab es noch eine Sprache, die sang, mit verführerischen Vokalen, weit und klar ausschwingend, kräftig und federnd zugleich, aber auch etwas wichtigtuerisch. Das sei Italienisch, sagte die Mutter, so rede man im Tessin.

– «Und der Mussolini auch, gell?»
– «Der Mussolini auch.»
– «Aber der ist nicht im Tessin?»
– «Das hätte noch gefehlt, der soll meinetwegen die Abessinier einsacken, aber im Tessin hat der nichts zu suchen.»

Nun hatte mir der Radio schon zwei neue Flöhe hinters Ohr gesetzt: Beethoven und den Tessin, Italienisch ohne Mussolini, das wollte ich näher kennenlernen, wenn ich gross war.

Doch da schlug noch etwas Furchtbares aus dem Äther herein, etwas, was die Ohren verletzte, das Herz hämmerte bis unter die Schädeldecke: ein sich überschlagendes Gebrüll, Geifern, Gellen, langgezogenes Heulen wie von kranken Hunden oder Wölfen, Wörter, die bissen, zustiessen, totschlugen. «Das sind die Nazis», sagte die Mutter, die eigentlich weiterdrehen wollte und es doch nicht zustande brachte, bis ein Gebrüll und Getöse von unvorstellbaren Menschenmengen dem Schrecken ein Ende setzte.

– «Der Hitler, gell?»
– «Der Hitler, und der Goebbels, und der Himmler.»

Diese Namen blieben stecken wie Holzsplitter in der Haut, die verletzen und entzünden, wenn man sie nicht sofort wieder herausbringt. «Grössenwahnsinnige sind das, Verrückte, Verbrecher», sagte die Mutter, «die werden noch die ganze Welt kaputt machen, warte nur.»

– «Die Schweiz auch?»
– «Ich hoffe nicht. Wenn der Hitler kommt, werden wieder alle Männer eingezogen und an die Grenze gestellt.»
– «Der Vater auch?»
– «Der Vater ist ein Feigling, der ist gegen den Krieg, aber sag das niemandem, hast du gehört?»

– «Ich sage es niemandem. Aber was macht dann der Vater, wenn der Hitler bis hierher kommt?»
– «Ich weiss es nicht, wirklich nicht. Beim Vater weiss man nie.»

Die Musik

Vater liebte es nicht, wenn jemand beim Musikhören im Zimmer war. Meist lag er auf dem Sofa und hielt die Augen geschlossen wie in der Kirche von Eggiwil. Einmal lief ich zufällig ins Zimmer, Vater fuchtelte schweiss- und tränenüberströmt mit seinem weissen Dirigierstab herum, eine Haarsträhne fiel ihm ins Gesicht, ich sah, wie wenig Haare er eigentlich schon hatte. Er dirigierte Beethoven aus der Partitur und gab gewaltige Einsätze, vor allem den Trompeten und der Pauke. Beethoven, das war Beethoven, später erkannte ich die Musik als die Coriolan-Ouvertüre: taaaaaaaaaaaaaaaa – pumm!!! Vaters Stab zitterte konvulsiv wie bei Furtwängler, und beim pumm riss es ihm alle Glieder auseinander, er stand da wie eine Fledermaus in Panik. Ich erschrak, fast wie damals, als ich den Feuerkamm sah, war wie gelähmt, Vater nahm mich nicht wahr, zum Glück, so gelang es mir, mich wegzuschleichen und in den Wald zu fliehen.

Manchmal durfte ich aber auch in einer Ecke auf meinem Stühlchen sitzen und die Beine baumeln lassen, wenn er Musik hörte. Zuweilen gab er mir sogar einen raschen Hinweis. «Hör», sagte er, «Haydn.» Er sagte es, wie man ein Geheimnis lüftet, auch hier war er der Zeit voraus, er stellte ihn sogar über Beethoven, wo selbst die Fachleute noch schulterklopfend von «Papa Haydn» schwafelten. Ich hatte schon die ganzen «Jahreszeiten» hören dürfen, einmal an Pfingsten, wo der Heilige Geist im Radio besonders lange und eindrucksvolle Musik auslöste. Nie ging ich seitdem über Feld, ohne «Schon eilet froh der Ackersmann» zu pfeifen oder zu singen. Die Symphonie mit dem Paukenschlag hatte ich auch schon gehört, es war ein ganz anderer Paukenschlag als bei Beethoven, ein überraschender, aber freundlicher Paukenschlag mit Lachfältchen.

Eines Tages strömte ein Klang aus dem Bakelit, den ich noch nie gehört hatte. Zuerst meinte ich, es sei ein Orchester, es tönte nur viel durchsichtiger, so durchsichtig wie an klirrenden Wintertagen der Himmel sein kann, dann wiederum auch voller, wärmer, ein Strom von Zuversicht und Geborgenheit, ein Strom mit krausen Wirbeln und Schwellen, er zog einen mit – und auch auf den Grund, das war mir merkwürdigerweise sogleich klar. Ich musste wissen, was das war, fragte nach, trotz Sprechverbot. «Streichquartett», sagte der Vater trocken.

Enkel, Streichquartett! Könnt ihr euch vorstellen, was das hiess? Nein, das könnt ihr nicht, vielleicht können es nicht einmal mehr die, die noch Streichquartett spielen.

Und wisst ihr, dass «merkwürdig» früher nicht «seltsam» bedeutete, sondern etwas – etwas von dem wenigen –, was des Sichmerkens wert ist?

Noch ein Tag, Vater lag wieder auf dem Sofa, ich liess wieder die Beine baumeln, da brach ein Ton aus dem Radio, ein Strahl aus Klang. Reine Sonnenenergie fiel ein. Das war der Erzengel, und er brachte mehr als eine gute neue Mär – was brachte er denn? «Die Wahrheit», hörte ich den Vater flüstern: «Casals. Das ist jetzt Casals.»

Und wenn ich alles vergessen habe, was ich euch da erzähle, das werde ich nie vergessen, Enkel.